Andreas Süß

WLAN - Analyse von Sicherheitsarchitekturen

Andreas Süß

WLAN - Analyse von Sicherheitsarchitekturen

GRIN Verlag

Bibliografische Information der Deutschen Nationalbibliothek: Die Deutsche Bibliothek
verzeichnet diese Publikation in der Deutschen Nationalbibliografie; detaillierte bibliografische Daten sind im Internet über http://dnb.d-nb.de/ abrufbar.

1. Auflage 2008
Copyright © 2008 GRIN Verlag
http://www.grin.com/
Druck und Bindung: Books on Demand GmbH, Norderstedt Germany
ISBN 978-3-640-09918-4

Universität Karlsruhe (TH)
Forschungsuniversität · gegründet 1825

WLAN - Analyse von Sicherheitsarchitekturen

Studienarbeit am Institut für Algorithmen und Kognitive Systeme (IAKS)

Fakultät für Informatik
Universität Karlsruhe (TH)

von

cand. inform.
Andreas Süß

Tag der Anmeldung: 12. Oktober 2007
Tag der Abgabe: 12. Januar 2008

Institut für Algorithmen und Kognitive Systeme (IAKS)

Inhaltsverzeichnis

1. Einleitung

1.1 Motivation

Drahtlose Kommunikationstechnologien - wie beispielsweise „Wireless Local Area Network" (WLAN), Bluetooth oder Mobilfunknetze - gewinnen seit Ende des 20ten Jahrhunderts immer mehr an Bedeutung. Insbesondere drahtlose Netzwerke (WLAN) des Standards IEEE 802.11 [IEEEb] erfreuen sich heutzutage größter Beliebtheit als gemeinsames Zugangsnetzwerk im öffentlich und privaten Bereich. Den vielen Vorteilen eines solchen WLANs, wie Mobilität und Flexibilität, stehen allerdings auch sicherheitsrelevante Betrachtungen gegenüber. Jedes drahtlose Netzwerk bringt neben den Sicherheitsrisiken eines drahtgebundenen Netzwerkes auch noch Risiken mit sich, die durch Mobilität und den für jedermann, wenn auch bedingten, freien Zugang zum geteilten Medium entstehen. Um diese Sicherheitsrisiken zu verringern, und die Privatsphäre der Benutzer zu schützen, wurden verschiedene Sicherheitsarchitekturen entwickelt [GuZA06].

1.2 Zielsetzung der Arbeit

Ziel der vorliegenden Studienarbeit ist es, dem Leser einen Überblick über die bis dato eingesetzten Sicherheitsarchitekturen in WLANs zu geben. Neben einer detaillierten Beschreibung der jeweils eingesetzten Sicherheitsmechanismen sollen aber auch ausführlich bekannte Schwachstellen und daraus resultierende Angriffe erläutert werden.
Der Leser soll somit ein tiefergehendes Verständnis der einzelnen Sicherheitsarchitekturen erlangen. Durch die Darstellung der einzelnen Schwachstellen und Angriffsmöglichkeiten soll zudem das Sicherheitsbewußtsein geweckt werden und den Leser dazu bewegen, seine eingesetzte Sicherheitsarchitektur im WLAN zu überdenken.

1.3 Gliederung der Arbeit

Nach diesem einführenden Kapitel werden in Kapitel 2 einige Verfahren dargestellt die im weiteren Verlauf von Bedeutung sind. Da eine ausführliche Betrachtung dieser

Verfahren allerdings den Rahmen der vorliegenden Studienarbeit sprengen würde, werden die einzelnen Verfahren nur kurz erläutert. Für ein tiefergehendes Verständnis sei auf die entsprechenden Quellen verwiesen. Kapitel 3 beschäftigt sich dann ausführlich mit den einzelnen und derzeit eingesetzten Sicherheitsarchitekturen in WLANs. Zuerst wird in Kapitel 3.1 die älteste und bis dato noch am häufigsten eingesetzte WEP-Sicherheitsarchitektur beschrieben. Es werden sehr ausführlich die einzelnen Sicherheitsmechanismen, aufgetretene Schwachstellen sowie daraus resultierende Angriffe dargestellt. Abschließend werden dann noch kurz zwei verbesserte Varianten vorgestellt, die einige Schwachstellen in WEP beseitigen. In Kapitel 3.2 folgt dann eine detaillierte Beschreibung der neueren WPA-Sicherheitsarchitek-tur und deren Sicherheitsmechanismen sowie einigen theoretischen Schwachstellen. Kapitel 3.3 beschreibt letztendlich noch die WPA2-Sicherheitsarchitektur und deren Sicherheitsmechanismen. Kapitel 4 bildet mit einer kurzen Zusammenfassung und einem Ausblick den Abschluss der vorliegenden Arbeit.

2. Grundlagen

Bevor in Kapitel 3 die Sicherheitsarchitekturen von Netzwerken auf Basis des IEEE 802.11 Standards [IEEEb] (WLAN) genauer beschrieben werden, soll dieses Kapitel zuerst einige Verfahren erläutern, die im nächsten Kapitel von Bedeutung sind. Als erstes sollen die zur Verschlüsselung eingesetzten Chiffren RC4 (in WEP und WPA) und AES (in WPA2) kurz vorgestellt werden. Danach folgen der für die Integritätssicherung in WPA eingesetzte Michael-Algorithmus, sowie die für die Authentifizierung in WPA und WPA2 verwendeten Verfahren IEEE 802.1X, EAP und RADIUS.

Rivest Cipher 4 (RC4):

RC4 ist eine symmetrische Stromchiffre und wurde 1987 von Ron Rivest für RSA Security[1] entwickelt. Sie galt lange als Firmengeheimnis, wurde im September 1994 jedoch anonym im Internet beschrieben und somit offen gelegt. Trotz seiner Einfachheit gilt RC4 noch heute als sehr starke Chiffre und wird unter anderem für SSL[2] und TLS[3] Verbindungen eingesetzt, sowie für die WLAN-Sicherheitsarchitekturen WEP (Kapitel 3.1) und WPA (Kapitel 3.2). Dass RC4 unter falscher Verwendung allerdings auch einige Schwachstellen hat zeigt Kapitel 3.1.2.

RC4 erzeugt aus der Eingabe eines bis zu 2048 Bit (256 Byte) langen Schlüssels eine Pseudozufallszahlenfolge die einer echten Zufallsfolge sehr nahe kommt - die Ausgabe erfolgt dabei byteweise. Für seine Berechnungen verwendet RC4 eine Substitutionstabelle S (S-Box) mit 256 Einträgen (S_0 bis S_{255}), die jeweils eine Länge von 8 Bit haben. Neben der S-Box verwendet RC4 zur Initialisierung noch eine 2048 Bit lange Schlüsseltabelle, die den Eingabeschlüssel enthält - ist der Eingabeschlüssel kürzer als 2048 Bit, wird er so oft wiederholt, bis die Tabelle gefüllt ist. Des Weiteren werden zwei 8 Bit große Zählvariablen (i, j) verwendet, die anfangs mit 0 initialisiert sind. Die Ausgabe der Pseudozufallszahlenfolge erfolgt dann in zwei Schritten. Im ersten Schritt erfolgt zuerst die Initialisierung der S-Box, gefolgt von einer Permutation der S-Box Werte - genannt „Key Scheduling Algorithm" (KSA):

---

[1]http://www.rsa.com/
[2]Secure Sockets Layer
[3]Transport Layer Security

```
FOR i:=0 TO 255 DO
  S[i]:= i
END
j:= 0

FOR i:=0 TO 255 DO
  j:= (j + S[i] + K[i mod len(K)]) mod 256
  swap(S[i],S[j])
END
```

Ist dies abgeschlossen, erfolgt im zweiten Schritt eine weitere Permutation der S-Box sowie die byteweise Berechnung der Ausgabe - genannt „Pseudo Random Generation Algorithm" (PRGA):

```
i:=0
j:=0

LOOP:
  i:=(i + 1) mod 256
  j:=(j + S[i]) mod 256
  swap(S[i],S[j])
  return S[(S[i] + S[j]) mod 256]
END
```

Für eine detaillierte Beschreibung der Funktionsweise von RC4 sei hier auf [FlMS01] verwiesen.

Advanced Encryption Standard (AES):

Der „Advanced Encryption Standard" (AES) ist eine symmetrische Blockchiffre und wurde 1998 von Joan Daemen und Vincent Rijmen entwickelt - sie wird aus diesem Grund auch Rijndael-Algorithmus genannt. Nachdem AES von Kryptologen ausführlich untersucht wurde, wurde er im Oktober 2000 vom „National Institute of Standards and Technology" (NIST) zum Standard erhoben und als Nachfolger von „Data Encryption Standard" (DES) bekannt gegeben.
Im Gegensatz zu einer Stromchiffre verschlüsselt eine Blockchiffre immer feste Blöcke von Bytes. AES legt eine feste Blocklänge von 128 Bit fest, die Schlüssellänge kann allerdings variieren zwischen 128, 192 oder 256 Bit.
In [DaRi01] beschreiben Joan Daemen und Vincent Rijmen die Funktionsweise sowie mathematischen Grundlagen von AES genauer.

Michael:

Der Michael-Algorithmus basiert auf einer kryptographischen Einweg-Hashfunktion und wurde im Jahr 2002 von Niels Ferguson entwickelt. Er wurde geschaffen um Berechnungen von Hash-Summen für das „Temporal Key Integrity Protocol" (TKIP)

(Kapitel 3.2.1) auf der verwendeten alten Hardware effizient durchzuführen. Als Eingabe erhält Michael, neben den Daten selbst, noch Ziel- und Quelladresse der Daten, ein Priority- und ein Padding-Feld sowie zur kryptographischen Sicherung einen sogenannten Michael-Schlüssel. Die letztendliche Ausgabe ist dann eine 64 Bit lange Prüfsumme. Um der Forderung nach effizienter Berechnung auch auf alter Hardware gerecht zu werden, vermeidet Michael rechenintensive Multiplikationen und verwendet lediglich Substitutionen, Rotationen und XOR Operationen. Details zu der genauen Funktionsweise und eine Referenzimplementierung findet man in dem von Ferguson verfassten Paper „Michael: An Improved MIC for 802.11 WEP" [Ferg].

IEEE 802.1X, EAP, RADIUS:

Der Standard IEEE 802.1X [IEEEd] stellt ein Framework zur portbasierten Zugangskontrolle („Port-Based Network Access Control") dar, und wurde ursprünglich für drahtgebundene Netzwerke entwickelt um Mechanismen zur Authentifizierung, Autorisierung und Schlüsselverteilung bereitzustellen. Das Framework unterscheidet grundsätzlich zwischen drei verschiedenen Rollen: dem Supplicant welcher sich mit dem Netzwerk verbindet und authentifizieren möchte, dem Authentifizierer welcher die Zugangskontrolle ermöglicht und Authentifizierungsanfragen weiterleitet und dem Authentifizierungsserver welcher die Anfragen empfängt, bearbeitet und das Ergebnis an den Authentifizierer zurückschickt.

Um IEEE 802.1X auch in drahtlosen Netzwerken einsetzen zu können, führt der Standard IEEE 802.11i [IEEEa] kleine Änderungen durch. Unter anderem wurde eine Nachrichtenauthentifizierung eingebaut um zu garantieren, dass Supplicant und Authentifizierer vor der Verwendung des Netzwerkes die notwendigen geheimen Schlüssel berechnen und die Verschlüsselung aktivieren. In drahtlosen Netzwerken ist der Supplicant mit dem Client, und der Authentifizierer mit dem Access Point gleichzusetzen. Die Entscheidung ob ein Supplicant sich mit dem Netzwerk verbinden darf und sich somit erfolgreich authentifiziert hat wird von einem Authentifizierungsserver getroffen - dies kann z.B. ein RADIUS-Server sein.

Für die Kommunikation zwischen Supplicant und Authentifizierer, der die Nachrichten an den Authentifizierungsserver weiterleitet, kommt in IEEE 802.1X das Extensible Authentication Protocol (EAP) [IETFb] zum Einsatz. EAP bietet seinerseits ein Framework für den Transport verschiedener höherschichtiger Authentifizierungsmethoden und stellt folgende Nachrichten-Typen zur Verfügung: Request, Response, Success, Failure. Die restlichen ausgetauschten Nachrichten sind abhängig von der gewählten Methode zur Authentifizierung. Als Beispiel seien hier folgende Methoden genannt: EAP-TLS, EAP-TTLS, PEAP, EAP-MD5.

Für die Kommunikation zwischen Authentifizierer und Authentifizierungsserver kann ein weiteres Protokoll zum Einsatz kommen, z.B. Remote Access Dial-In User Service (RADIUS) [IETFa].

Für weitere und detaillierte Beschreibungen der einzelnen Verfahren sei hier aber auf die angegebenen Quellen verwiesen.

3. Sicherheitsarchitekturen

Die in drahtlosen Netzwerken traditionell eingesetzte, und 1999 in dem Standard
IEEE 802.11b [IEEEc] entwickelte Sicherheitsarchitektur ist „Wired Equivalent Privacy" (WEP). Kryptoanalysten fanden jedoch recht bald schwerwiegende Sicherheitslücken, woraufhin WEP im Jahre 2003 durch „Wi-Fi Protected Access" (WPA)
und letztendlich 2004 durch „Wi-Fi Protected Access 2" (WPA2) - basierend auf dem
Standard IEEE 802.11i [IEEEa] - verdrängt wurde.
Ziel von diesem Kapitel ist es, die einzelnen Sicherheitsarchitekturen ausführlich
zu analysieren. Es sollen dabei die jeweils eingesetzten Sicherheitsmechanismen, die
aufgetretenen Schwachstellen und Sicherheitsrisiken sowie die daraus resultierenden
Angriffe gegen die einzelnen Architekturen genau beschrieben werden.

3.1 WEP

Die Sicherheitsarchitektur WEP ist optionaler Standard in 802.11b Netzen [IEEEc]
und steht dabei für „Wired Equivalent Privacy". Wie der Name schon deutlich macht,
wurde sie entwickelt um in drahtlosen Netzwerken, genannt „Wireless Local Area
Network" (WLAN), den gleichen Schutz der Kommunikation zu bieten wie in drahtgebundenen Netzen, genannt „Local Area Network" (LAN). Um diesem Ziel gerecht
zu werden, deckt WEP die sicherheitsrelevanten Bereiche Vertraulichkeit, Datenintegrität
grität sowie Zugangskontrolle mit Hilfe der Sicherheitsmechanismen Verschlüsselung,
Integritätssicherung und Authentifizierung ab. Es wurde allerdings sehr schnell deutlich, dass WEP von Anfang an mit Problemen zu kämpfen hatte. Die große Anzahl
an Sicherheitslücken, Schwächen im Entwurf und allgemeinen Problemen im Schlüsselmanagement führten bereits im Jahre 2001 [FlMS01] dazu, dass WEP endgültig
gebrochen wurde und kennzeichnen diese Sicherheitsarchitektur somit als unzureichend zur Sicherung der drahtlosen Kommunikation [Earl06]. Trotz aller Kritik an
den Entwicklern von WEP, muss hier allerdings auch gesagt werden, dass WEP
nie den Anspruch erhob absolut sicher zu sein. Vielmehr sollte es einem Angreifer
schwerer gemacht werden in ein drahtloses Netzwerk einzudringen - vergleichbar mit
dem Eindringen in ein Gebäude um sich mit einem drahtgebundenen Netzwerk zu
verbinden, was jedoch nicht unmöglich ist [EdAr04]. Neben all den Schwächen und
Kritikpunkten ist es dennoch wichtig diese Sicherheitsarchitektur zu verstehen, da

sie immerhin noch ein Mindestmaß an Schutz bietet und selbst noch heute weit verbreitet und in aktueller Hardware implementiert ist [Dörh06].

Dieser Abschnitt beschreibt zuerst die von WEP eingesetzten Sicherheitsmechanismen, und geht dann auf dessen Schwachstellen ein sowie die daraus resultierenden
Angriffe. Letztendlich werden noch einige Verbesserungen von WEP beschrieben,
die einige der aufgeführten Schwachstellen beseitigen.

3.1.1 Sicherheitsmechanismen

WEP verfolgt zum Schutz der drahtlosen Kommunikation drei wesentliche und wich-
tige Ziele, auf denen in Netzwerken der Hauptfokus bezüglich Sicherheit liegt: Vertraulichkeit, Datenintegrität und Zugangskontrolle.

Um das Ziel Vertraulichkeit zu garantieren, verschlüsselt WEP jedes über das drahtlose Medium versendete Paket mit Hilfe der symmetrischen Stromchiffre RC4 (siehe
Kapitel 2). Somit können nicht berechtigte Personen die abgehörten Pakete weder
entschlüsseln noch lesen. In Verbindung mit einer „Shared Key" Authentifizierung
wird durch diesen Chiffrieralgorithmus ebenfalls das Ziel der Zugangskontrolle erreicht [Brow04]. Heutige IEEE 802.11b [IEEEc] konforme Hardware bietet zudem
die Möglichkeit, Pakete zu verwerfen, die nicht regelkonform mit WEP verschlüsselt wurden. Theoretisch soll diese Möglichkeit unbefugte Personen daran hindern,
Pakete über das drahtlose Netzwerk zu übertragen [FJLB07]. Das letzte Ziel - Datenintegrität - versucht WEP durch berechnen einer Prüfsumme über die Nutzdaten
zu garantieren.

Integritätssicherung:

Durch den Mechanismus der Integritätssicherung versucht WEP das Ziel der Datenintegrität zu sichern. Wie später im Ver- und Entschlüsselungsprozess zu sehen,
ist die Integritätssicherung Bestandteil dessen. Bevor die Verschlüsselung eines Paketes erfolgt, wird über dessen Nutzdaten eine 32 Bit lange Prüfsumme berechnet
- genannt „Integrity Check Value" (ICV) [EdAr04]. Der ICV versucht dabei zu garantieren, dass die Nutzdaten während der Übertragung nicht geändert und somit
nicht verfälscht wurden [Gast05].

Für die Berechnung des ICV kommt hier ein linearer CRC-32 („Cyclic Redundancy Check") zum Einsatz. Dieses Verfahren findet häufige Anwendung in Netzwerk-
protokollen - jedoch nur zur Absicherung gegenüber zufälligen Übertragungsfehlern
[HaCh05]. Damit diese somit völlig unzureichende Integritätssicherung dennoch eingesetzt werden kann, erfolgt die Berechnung der Prüfsumme deshalb bereits vor der
Verschlüsselung [Hage03]. Der berechnete ICV wird einfach an die Nutzdaten angehängt und zusammen mit diesen mittels XOR bitweise mit dem vom RC4 generierten
Schlüsselstrom verknüpft und somit verschlüsselt [Brow04]. Auf Empfängerseite wird
nach erfolgreicher Entschlüsselung des empfangenen Paketes dann erneut ein ICV
über die Nutzdaten berechnet und mit dem im Paket empfangen ICV verglichen.
Stimmen beiden 32 Bit Werte überein, wird davon ausgegangen, dass die empfangenen auch den gesendeten Nutzdaten entsprechen und somit nicht verfälscht wurden.
Falls die beiden ICV jedoch nicht übereinstimmen (Integritätsverletzung), hat entweder ein aktiver Angriff die Nutzdaten verfälscht, oder ein Übertragungsfehler ist
aufgetreten - das Paket wird dann verworfen [Vacc06].

Verschlüsselung:

Das in der Sicherheitsarchitektur WEP eingesetzte Verfahren zur Verschlüsselung von Daten basiert auf der symmetrischen Stromchiffre RC4 (siehe Kapitel 2). Aufgabe dessen ist es, die gesamten Nutzdaten eines einzelnen Paketes inklusive einer zuvor berechneten Prüfsumme - genannt „Integrity Check Value" (ICV) - zu verschlüsseln und somit das Ziel der Vertraulichkeit zu garantieren [ChBh05]. Dies geschieht dabei allerdings nur zwischen Client Station und Access Point. Nach Entschlüsselung der Daten durch den Access Point werden diese im drahtgebundenen Medium wieder unverschlüsselt weiter übertragen [Hofh05].

Um Daten zu ver- und entschlüsseln müssen die miteinander kommunizierenden Seiten zu Beginn der Kommunikation einen geheimen Schlüssel austauschen[1]. Es können dabei bis zu vier verschiedene Schlüssel ausgetauscht und verwendet werden. Welcher dieser vier Schlüssel für die jeweilige Übertragung verwendet wird, wird von 2 Bits im unverschlüsselten Header (Key ID) des Paketes gekennzeichnet [EdAr04]. Jeder „Shared Key" muss dabei laut IEEE 802.11 Standard [IEEEb] eine Länge von 40 Bit haben. Üblicherweise wird heute allerdings eine Länge von 104 Bit verwendet um das Sicherheitsniveau zu erhöhen. RC4 erzeugt aus einer bestimmten Eingabe einen paketabhängigen Schlüsselstrom („One Time Pad"), der der Länge der zu verschlüsselnden Daten entspricht [ChBh05]. Zur Verschlüsselung wird dieser dann bitweise mittels XOR (exklusives Oder) mit den Nutzdaten (inklusive Prüfsumme) verknüpft. Wäre nun der „Shared Key" alleinige Eingabe in RC4, würde RC4 immer wieder neu mit demselben Wert initialisiert werden und für jedes zu übertragende Paket der selbe Schlüsselstrom entstehen. Dies würde dazu führen, dass bei identischen Chiffretexten auch die verschlüsselten Daten selbst identisch sein müssten. Ein Angreifer würde hierdurch ungewollte Informationen erhalten, die dazu führen könnten, dass der Schlüssel gebrochen wird. Um dem entgegen zu wirken, wird ein 24 Bit langer Initialisierungsvektor (IV) dem „Shared Key" vorangestellt, und dient mit ihm zusammen als Eingabe in RC4. Der Wert des Initialisierungsvektors ändert sich dabei für jedes zu übertragende Paket [IEEEc]. Hierdurch wird RC4 immer wieder mit einem neuen Wert (IV + „Shared Key") initialisiert und generiert jedesmal einen neuen Schlüsselstrom. In welcher Art und Weise sich der Wert des IV dabei ändert, ist allerdings von der Implementierung des jeweiligen Herstellers abhängig und nicht näher im Standard spezifiziert [Earl06]. Da nun der IV auch dem Empfänger der Daten zum entschlüsseln bekannt sein muss, wird dieser im unverschlüsselten Teil des Paketes mit übertragen [Hofh05] [2].

Der gesamte Ablauf von WEP wird in Abbildung 3.1 dargestellt. Für jedes zu übertragende Paket wird ein neuer Initialisierungsvektor (IV) erzeugt. Aus IV und angehängtem „Shared Key" wird von RC4 dann ein paketabhängiger Schlüsselstrom erzeugt, dessen Länge der Länge der zu verschlüsselnden Daten entspricht. Dieser Schlüsselstrom wird bitweise mittels XOR mit den Nutzdaten, inklusive der vorher darüber berechneten Prüfsumme, verknüpft und somit verschlüsselt [ChBh05].

---

[1]Wie genau dieser Schlüsselaustausch stattfindet, wird allerdings nicht näher spezifiziert.

[2]Viele Hersteller sprechen bei WEP auch von einer Schlüssellänge von 64 bzw. 128 Bit, was auf den zusätzlichen Initialisierungsvektor zurückzuführen ist. Dies ist aus sicherheitstechnischer Sicht allerdings falsch, weil die zusätzlichen 24 Bit unverschlüsselt über das drahtlose Medium übertragen werden [HaCh05].

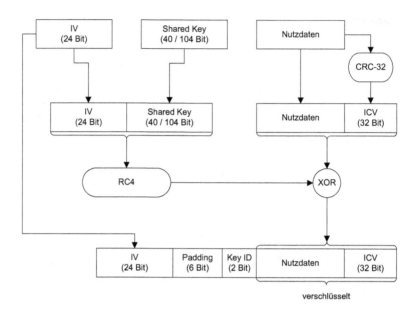

Abbildung 3.1: WEP - Gesamtablauf

Wenn auf der Gegenseite nun ein Paket mit verschlüsselten Nutzdaten eintrifft, erkennbar durch ein spezielles WEP-Bit im unverschlüsselten Header des Paketes, werden der im Klartext übertragene IV sowie die Nummer des verwendeten „Shared Key" (Key ID) ausgelesen [EdAr04]. IV und entsprechender „Shared Key" dienen nun wieder als Eingabe in RC4 um den selben, wie zur Verschlüsselung erzeugten, Schlüsselstroms zu generieren. Der verschlüsselte Teil des Paketes wird dann bitweise mittels XOR mit dem Schlüsselstrom verknüpft, und somit wieder entschlüsselt [BoMo04].

Der ganze Prozess lässt sich mathematisch folgendermaßen formulieren:

$$KS = RC4(IV\|K)$$

Verschlüsselungsvorgang:

$$(M\|ICV) \oplus KS = C$$

Entschlüsselungsvorgang:

$$C \oplus KS = (M\|ICV) \oplus KS \oplus KS = (M\|ICV)$$

Hierbei sind IV der 24 Bit lange Initialisierungsvektor, K der gemeinsame 40/104 Bit lange Schlüssel („Shared Key"), KS der von RC4 erzeugte Schlüsselstrom aus der Eingabe $(IV\|K)$, M die zu sendenden Nutzdaten im Klartext, ICV die darüber gebildete 32 Bit lange Prüfsumme und C letztendlich das über das drahtlose Medium übertragene Chiffrat [HaCh05].

Authentifizierung:

Das Ziel der Zugangskontrolle wird in WEP durch den Mechanismus der Authentifizierung garantiert. Da diese Authentifizierung im IEEE 802.11 Standard [IEEEb] allerdings optional ist, haben nahezu alle Geräte auf dem heutigen Markt diesen Mechanismus standardmäßig deaktiviert. Wie später zu sehen ist (siehe Kapitel 3.1.2), ist eine Aktivierung der Authentifizierung sogar eher schädlich als dass sie zum Schutz der Kommunikation beiträgt. Aus diesem Grund soll die Authentifizierung hier als letztes behandelt werden, obwohl sie normalerweise vor dem eigentlichen Verschlüsselungsprozess stattfindet.

Bevor eine Datenübertragung zwischen Client und Access Point stattfindet, muss sich der Client gegenüber dem Access Point authentifizieren. WEP unterscheidet hier zwischen zwei Modi: „Open System Authentication" und „Shared Key Authentication" [Hofh05].

Im Modus „Open System Authentication" wird jeder „Authentication Request" eines Clients automatisch durch den Access Point mit einem „Authentication Success" beantwortet und der Client dadurch „authentifiziert" [Vacc06]. Die Implementierung mancher Hersteller sieht hier vor dem „Authentication Success" noch eine Überprüfung der Client MAC-Adresse mit einer so genannten „White List" vor, die auf dem Access Point gespeichert ist. Diese Liste beinhaltet alle gültigen MAC-Adressen, die auf den Access Point zugreifen dürfen. Da die MAC-Adresse bei einem „Authentication Request" allerdings im Klartext übertragen wird, ist es für den Angreifer ein leichtes diese auszulesen und selbst anzunehmen - was diese Maßnahme somit nutzlos macht. Es findet sonst keine weitere Überprüfung der Identität des Client respektive des Access Points statt. Obwohl die „Open System Authentication" nicht wirklich den Namen Authentifizierung verdient, sollte dieser Modus aus sicherheitstechnischen Gründen (siehe Kapitel 3.1.2) der „Shared Key Authentication" bevorzugt werden [Hofh05].

Der Modus „Shared Key Authentication" basiert auf einem einfachen Challenge-Response Verfahren, mit einem vorher ausgetauschten geheimen Schlüssel. Dieser „Shared Key" ist dabei der gleiche Schlüssel, der später auch zur Ver-/ Entschlüsselung der Daten zum Einsatz kommt [Hage03].

Die Authentifizierung erfolgt in vier Schritten:
Im ersten Schritt schickt der Client einen „Authentication Request" an den Access Point, wodurch dieser aufgefordert wird, den Authentifizierungsprozess zu beginnen. Diese Aufforderung beantwortet der Access Point mit einer „Authentication Challenge" die eine Zufallszahl enthält. Der Client verschlüsselt diese Zufallszahl („Nonce") mit Hilfe der Stromchiffre RC4. Als Eingabe in RC4 dienen hier ebenfalls, wie beim späteren Verschlüsselungsprozess der Nutzdaten, der Initialisierungsvektor (IV) und der vorher ausgetauschte „Shared Key". Danach sendet der Client den Chiffretext in einem „Authentication Response" Paket zurück an den Access Point. Der Access Point wiederum entschlüsselt nun seinerseits das erhaltene Paket, ebenfalls mittels RC4, IV und „Shared Key". Danach vergleicht er den so erhaltenen Klartext mit seiner zuvor gesendeten Zufallszahl. Stimmen beide Werte überein, hat sich der Client dem Access Point gegenüber erfolgreich authentifiziert. Der Access Point bestätigt dies durch senden eines „Authentication Success" an den Client, womit die Authentifizierung abgeschlossen ist [Hofh05]. Hier muss allerdings noch einmal erwähnt werden, dass aus sicherheitstechnischen Gründen (siehe Kapitel 3.1.2) auf diesen Modus verzichtet werden sollte.

3.1.2 Schwachstellen von WEP

Die große Anzahl an Schwachstellen, die die WEP-Sicherheitsarchitektur aufweist, führten bereits im Jahre 2001 [FlMS01] dazu, dass WEP endgültig gebrochen wurde. Die Summe dieser Sicherheitslücken kennzeichnet diese Sicherheitsarchitektur somit als unzureichend zur Sicherung der drahtlosen Kommunikation [Earl06]. Diese Schwachstellen sollen hier nun im Einzelnen dargestellt werden.

Shared Key:

Als erstes muss hier erwähnt werden, dass die im IEEE 802.11b Standard [IEEEc] vorgeschriebene Schlüssellänge von 40 Bit bereits völlig unzureichend ist. Der Grund für die kurze Schlüssellänge lag damals in den Exportbestimmungen der USA, eine Schlüssellänge von 40 Bit war zu diesem Zeitpunkt die größte problemlose zu exportierende [Hage04]. Dass 40 Bit allerdings völlig unzureichend sind, zeigt bereits, dass nach Abhören eines einzelnen verschlüsselten Paketes, die Ermittlung des Schlüssel, mit Hilfe eines Brute-Force-Angriffes[3], in weniger als 50 Stunden durchgeführt werden kann. Bei einem verteilten Brute-Force-Angriff allerdings, kann die Berechnungszeit schon auf unter 5 Stunden reduziert werden. Die durch verschiedene Hardware-Hersteller spätere Erweiterung der WEP Schlüssellänge auf 104 Bit[4], schließt zwar die Berechnung des Schlüssel durch einen Brute-Force-Angriff mit heutiger Rechenleistung aus, allerdings tragen weitere Schwächen der WEP-Sicherheitsarchitektur dazu bei, dass auch diese Schlüssellänge keine ausreichende Sicherheit bietet [Brow04].

Im IEEE 802.11b Standard [IEEEc] werden des Weiteren keine Angaben zum Schlüsselmanagement gemacht, es wird von bereits vorher ausgetauschten gemeinsamen Schlüsseln („Shared Keys") ausgegangen [BoSh05]. Bei steigender Netzwerkgröße, durch wachsen der Benutzerzahlen, wird es allerdings ohne ein vorhandenes Schlüsselmanagement immer schwieriger einen „Shared Key" zu verteilen oder zu ändern. Bei der Vorverteilung der Schlüssel, bzw. einem Schlüsselwechsel, muss entweder physischer Zugriff auf alle Komponenten (Clients und Access Points) bestehen, oder der Schlüssel über unsichere Übertragungswege an die Komponenten übermittelt werden. Der Schlüssel muss somit in allen Komponenten manuell eingetragen bzw. geändert werden. Dieser Aufwand hat zur Folge, dass der „Shared Key" nur sehr selten, respektive überhaupt nicht gewechselt wird [Hage03]. Da mit der Zeit einem Angreifer somit immer mehr, mit dem gleichen Schlüssel verschlüsselter, Chiffretext zur Verfügung steht, besteht die Gefahr, dass dieser Schlüssel schneller gebrochen werden kann (Statischer Schlüssel / Static Shared Key). Des Weiteren kann es vorkommen, dass nicht mehr berechtige Komponenten noch im Besitz des „Shared Key" sind und somit immer noch an der Kommunikation teilnehmen können. Ein regelmäßiger Schlüsselwechsel ist demnach unumgänglich [BMBC+05]. Die im IEEE 802.11b Standard [IEEEc] vorgesehene Speicherung von bis zu vier verschiedenen „Shared Key" hilft hier auch nicht viel weiter. Auch hier muss ein Wechsel zwischen diesen vier Schlüsseln manuell durchgeführt werden, was somit, aufgrund des Aufwandes bei steigender Anzahl von Komponenten, meist nicht durchführbar ist und nicht

---

[3]Bei einem Brute-Force-Angriff, oder auch Exhaustionsmethode genannt, werden alle Lösungsmöglichkeiten nacheinander durchprobiert, bis eine passende gefunden ist.
[4]Eine Schlüssellänge von 104 Bit, oder länger, wurde allerdings nie in einem Standard festgelegt.

zum Einsatz kommt [Hage03].

Ein weiterer wichtiger Punkt, im Zusammenhang mit der Sicherheit des „Shared
Key" in der WEP-Sicherheitsarchitektur, ist, wie dieser erzeugt wird. Es lassen sich
hier drei verschiedene Verfahren unterscheiden: Eingabe mit hexadezimalen Ziffern,
ASCII-Mapping und funktionsbasierte Schlüsselgenerierung.

Das Verfahren der Eingabe mit hexadezimal Ziffern erfordert bei einer Schlüssellänge von 40 Bit 10 hexadezimal Ziffern, und bei einer Schlüssellänge von 104 Bit 26
hexadezimal Ziffern als Eingabe. Es bietet den Vorteil den ganzen Schlüsselraum
auszunutzen. Für eine Schlüssellänge von 40 Bit kommen somit 2^{40} und für eine
Schlüssellänge von 104 Bit 2^{104} verschiedene Schlüssel als Möglichkeit in Frage. Da
die als Eingabe in Frage kommenden hexadezimal Ziffern allerdings schwer zu merken sind, kommen meist die anderen beiden Verfahren zum Einsatz. Sowohl beim
ASCII-Mapping als auch bei der funktionsbasierten Schlüsselgenerierung dienen mit
ASCII-Zeichen darstellbare Passphrasen als Eingabe. Diese Passphrasen lassen sich
leichter merken, sind allerdings nicht immun gegenüber Wörterbuchangriffen[5]. Beim
ASCII-Mapping werden die Zeichen der Passphrase in hexadezimale Werte umge-
wandelt. Eine Schlüssellänge von 40 Bit verlangt hier die Eingabe von 5 Zeichen,
bei 104 Bit ist eine Eingabe von 13 Zeichen Pflicht. ASCII-Mapping schränkt den
zu verwendeten Schlüsselraum allerdings dadurch massiv ein, dass nur druckbare
ASCII-Zeichen verwendet werden können. Die funktionsbasierte Schlüsselgenerierung schränkt den Schlüsselraum allerdings nicht ein. Hier wird mittels einer her-
stellerabhängigen Funktion aus der Passphrase der 40 bzw. 104 Bit Schlüssel erzeugt. Dennoch ist auch dieses Verfahren anfällig gegenüber Wörterbuchangriffen
[BMBC+05]. Tim Newsham [News01] zeigte zudem, dass bei den letzten beiden Verfahren eine Schlüssellänge von 40 Bit, durch Fehler in der Erzeugung der Schlüssel
aus den Passphrasen, effektiv auf 21 Bit reduziert wird. Dies macht einen Brute-
Force-Angriff in unter einer Minute zum Brechen des Schlüssels möglich.

Initialisierungsvektor:

Eine weitere Schwachstelle in der WEP-Sicherheitsarchitektur ist der Initialisierungsvektor (IV). Dieser dient zusammen mit dem „Shared Key" als Eingabe in RC4, um
den zur Verschlüsselung verwendeten Schlüsselstrom zu erzeugen. Der 24 Bit lange
IV wird dabei zusätzlich im Klartext an den Empfänger übertragen. Dies bedeutet
zum einen, dass ein Angreifer jeden IV durch Abhören eines Paketes auslesen kann.
Zum anderen sind einem Angreifer dann bereits für jedes Paket die ersten 24 Bit der
verwendeten RC4-Initialisierung bekannt [LeAM05].

Zur Verschlüsselung von Daten wird ein von der Stromchiffre RC4 generierter Schlüsselstrom mittels XOR mit den Daten verknüpft. Die goldene Regel im Zusammenhang mit XOR-basierten Stromchiffren besagt nun, dass eine Wiederverwendung des
erzeugten Schlüsselstroms strengstens verboten ist. Da sich aufgrund des in WEP
fehlenden Schlüsselmanagements der „Shared Key" nur sehr selten respektive überhaupt nicht ändert, wurde der 24 Bit lange IV eingeführt. Dieser dient zusammen mit
dem „Shared Key" als Eingabe in RC4 zur Erzeugung des Schlüsselstroms. Da sich

---

[5]Wörterbuchangriffe kommen meist zum Einsatz wenn man davon ausgehen kann, dass es sich
bei dem vorliegenden Schlüssel um eine sinnvolle Zeichenkombination / Passphrase handelt. Mit
Hilfe eines Wörterbuches können somit alle Wörter durchprobiert werden, bis die richtige Passphrase gefunden ist.

der IV nun mit jedem Paket ändert, sollte auch eine ständige Änderung des Schlüsselstroms garantiert werden [HaCh05]. Das Problem bei WEP liegt nun aber in der Länge des IV. Bei einer Länge von 24 Bit sind somit maximal nur $2^{24} = 16.777.216$ verschiedene Initialisierungsvektoren möglich bevor sich diese wiederholen. Wie sich ein IV bei jedem Paket ändert, wurde im IEEE 802.11 Standard [IEEEb] allerdings nicht festgelegt. Die bei jedem Paket zufällige Wahl eines IV, würde - aufgrund des sogenannten Geburtstagsparadoxons[6] - sehr schnell zu einer Wiederholung von Initialisierungsvektoren führen. Laut [Hage03] beträgt die Wahrscheinlichkeit der erneuten Verwendung eines IVs bereits nach 4823 übertragenen Paketen mehr als 50%. Viele Hersteller inkrementieren aus diesem Grund bei jedem Paket den IV um 1. Bei einem WLAN nach dem IEEE 802.11b Standard [IEEEc], das bis zu 500 Pakete pro Sekunde übertragen kann, würde eine Wiederholung der IVs somit spätestens nach ungefähr 9 Stunden erfolgen. Da manche Hersteller allerdings bei jedem Neustart der Hardware den IV auf 0 zurücksetzen, und meist sehr viele Geräte mit dem gleichen „Shared Key" abhängig vom Datenaufkommen getrennt voneinander ihren IV inkrementieren, tritt in der Realität eine IV-Wiederholung meist wesentlich früher auf - auch IV Kollision genannt. Bei gleichbleibendem „Shared Key" wird sich somit bei der Wiederholung eines IVs auch der Schlüsselstrom wiederholen, da die Stromchiffre RC4 wieder mit den gleichen Werten initialisiert wird. Dies stellt die Verletzung der oben genannten goldenen Regel dar und gibt Angreifern die Möglichkeit auch ohne Kenntnis des „Shared Key" die abgehörten Daten zu entschlüsseln.

Ein Angreifer muss dazu nur abwarten, bis sich der IV in einem abgehörten Paket in einem weiteren Paket wiederholt. Dies zu erkennen ist ein leichtes, da wie oben beschrieben der IV im Klartext übertragen wird. Hat ein Angreifer nun zwei Pakete mit identischem IV - und mit sehr hoher Wahrscheinlichkeit auch identischem „Shared Key" (s.o.) - abgehört, muss laut oben beschriebener Problematik auch der verwendete Schlüsselstrom identisch sein. Mittels XOR können dann die entsprechenden Chiffretexte bitweise miteinander verknüpft werden. Als Ergebnis erhält man die bitweise miteinander verknüpften Klartexte. Formal lässt sich dieser Prozess wie folgt darstellen:

Seien C_1 und C_2 die abgehörten Chiffretexte, M_1 und M_2 die entsprechenden Klartexte, IV der Initialisierungsvektor, K der verwendete „Shared Key" und KS der von RC4 erzeugte Schlüsselstrom.

$$KS = RC4(IV\|K)$$

$$C_1 = M_1 \oplus KS$$

$$C_2 = M_2 \oplus KS$$

Werden nun C_1 und C_2 mittels XOR verknüpft, erhält man eine XOR-Verknüpfung der beiden Klartexte:

$$C_1 \oplus C_2 = (M_1 \oplus KS) \oplus (M_2 \oplus KS) = M_1 \oplus M_2 \oplus KS \oplus KS = M_1 \oplus M_2$$

---

[6]Das Geburtstagsparadoxon/Geburtstagsproblem besagt folgendes: Die Wahrscheinlichkeit das eine Person die man trifft am selben Tag Geburtstag hat wie man selbst, liegt bei $\frac{1}{365}$. Trifft man jedoch immer mehr Leute steigt diese Wahrscheinlichkeit rasant an, und liegt bei 25 Personen schon bei über 50%.

Bei Kenntnis eines bestimmten Wertes in einem der Klartexte, kann somit einfach der entsprechende Wert im anderen Klartext mittels XOR ermittelt werden. Sammelt ein Angreifer mit der Zeit immer mehr Chiffretexte die den gleichen IV verwenden, kann er mittels Wörterbüchern, Heuristiken und der Kenntnis von bestimmten Werten in einem der Klartexte (z.B. immer wieder auftretenden und gleichen Feldern im Header bestimmter Pakete) auf mehr und mehr Bits des Schlüsselstroms schließen. Ist letztendlich für einen bestimmten IV der komplette Schlüsselstrom ermittelt, kann ein Angreifer ohne weiteres jedes Paket entschlüsseln das diesen IV verwendet. Somit hat er auch die Möglichkeit Pakete zu modifizieren oder selbst, da keine weitere Überprüfung auf Wiederverwendung eines IV stattfindet, Pakete einzuschleusen [EdAr04]. Theoretisch kann ein Angreifer dieses Verfahren auf jeden der 2^{24} möglichen IVs anwenden und damit ein eigenes Wörterbuch zur Entschlüsselung anlegen. Geht man von einer Schlüsselstromgröße von 1500 Bytes aus, würde ein solches Wörterbuch bei 2^{24} möglichen IVs etwa 24 GB in Anspruch nehmen - für heutige Verhältnisse ein sehr geringer Wert. Wohlgemerkt, dies alles geschieht ohne die Kenntnis des geheimen „Shared Key" [HaCh05]. Eine im Folgenden dargestellte Schwachstelle der Stromchiffre RC4 macht es allerdings möglich, mittels bekanntem IV und den zugehörigen ersten paar Bytes des Schlüsselstroms, den geheimen „Shared Key" zu ermitteln und somit die komplette Kommunikation der WEP-Sicherheitsarchitektur offen zu legen.

Auf die Problematik mit der Wiederverwendung von Initialisierungsvektoren wurde bereits im IEEE 802.11 Standard [IEEEb] selbst schon hingewiesen. Aufgrund des doch erheblichen Aufwands - sammeln von Chiffretexten die den selben IV verwenden und sukzessive Decodierung des Schlüsselstroms - wurde diese Schwachstelle aber als eher unwahrscheinlich eingestuft. Dass dies allerdings eine grobe Fehleinschätzung war zeigt Kapitel 3.1.3.

Stromchiffre RC4:

Trotz seines einfachen Designs gilt RC4 als ein sehr starker Chiffrieralgorithmus. RC4 erzeugt aus einer Eingabe (bei WEP sind das der IV und der geheime „Shared Key") eine Pseudozufallszahlenfolge (bei WEP Schlüsselstrom genannt). Diese Pseudozufallszahlenfolge lässt sich nur schwer von einer echten Zufallszahlenfolge unterscheiden - erst nach ungefähr 1GB der Ausgabe kann man verlässlich auf RC4 schließen [EdAr04].

Nichtsdestotrotz leidet RC4 unter einem grundsätzlichen Designfehler, der bei falscher Anwendung des Algorithmus passive Angriffe ermöglicht. Zu Anfang initialisiert RC4 mit Hilfe einer Schlüsseltabelle durch Permutationen eine Substitutionstabelle (S-Box) - dieser Vorgang wir auch als „Key Scheduling Algorithm" (KSA) bezeichnet. Um das erste Byte der Pseudozufallszahlenfolge zu erzeugen, erfolgt dann eine weitere Permutation der S-Box mit anschließender Ausgabe des Bytes - bezeichnet als „Pseudo Random Generation Algorithm" (PRGA). Fluhrer, Mantin und Shamir erkannten nun, dass die Probleme von RC4 in der zu geringen Anzahl von Permutationen zwischen der Initialisierung und der Ausgabe des ersten Bytes liegen.

In [FlMS01] beschreiben sie zwei gravierende Schwachstellen von RC4. Als erste Schwachstelle wird das Vorhandensein einer großen Klasse von „Weak Keys" (schwache Eingabeschlüssel in RC4) genannt. Diese „Weak Keys" haben die Eigenschaft, dass nur ein sehr geringer Teil ihrer Bits, eine große Anzahl von Bits bei der Initialisierung der S-Box (KSA) bestimmt. Hinzu kommt, dass der PRGA diese Muster übernimmt, und in die ersten Bits der erzeugten Pseudozufallszahlenfolge (Schlüsselstrom) überträgt. Bei der Eingabe von „Weak Keys" in RC4 wird demnach ein unverhältnismäßig großer Teil von anfänglichen Ausgabewerten der Pseudozufallszahlenfolge von nur sehr wenigen Bits des „Weak Keys" selbst bestimmt. Eine Reduzierung der Anzahl effektiver Bits macht somit einen Angriff auf den Eingabeschlüssel erheblich einfacher. Um diese Schwachstelle zu vermeiden, schlägt RSA Security[7] vor, die ersten 256 Byte der Pseudozufallszahlenfolge zu verwerfen, und erst die danach folgenden Bytes zu verwenden. WEP befolgt diesen Ratschlag allerdings nicht, und verwendet den erzeugten Schlüsselstrom bereits ab dem ersten Byte.

Die zweite, in [FlMS01] beschriebene, Schwachstelle von RC4 ermöglicht es einem Angreifer unter bestimmten Bedingungen den Eingabeschlüssel nach und nach direkt zu ermitteln. Der Eingabeschlüssel muss dazu aus einem immer gleichbleibendem geheimen Teil sowie einem sich ständig änderndem und bekanntem Teil bestehen, welcher noch zusätzlich einer bestimmten Bedingung („resolved condition" / „Weak IV") unterliegen muss. Ein „Weak IV" zeichnet sich dabei durch den besonderen Aufbau seiner Bytes aus: $(X+3, 0xFF, N)$. X steht für das zu rekonstruierende Byte des geheimen Teils, N ist frei wählbar. Hat ein Angreifer zahlreiche Pakete abgehört[8], erfüllen davon genug die geforderten Voraussetzungen, und steht ihm zusätzlich noch das erste Byte der Pseudozufallszahlenfolge zur Verfügung, kann ein Angreifer mit relativ geringem Aufwand, durch Analyse des ersten Bytes der Pseudozufallszahlenfolge, nach und nach mit bestimmter Wahrscheinlichkeit auf die einzelnen Bytes des geheimen Teils des Eingabeschlüssels schließen. Betrachtet man WEP bzgl. dieser Schwachstelle, sieht man auf Anhieb, dass der für RC4 verwendete Eingabeschlüssel aus einem sich ständig änderndem bekannten Teil (Initialisierungsvektor) und einem immer gleichbleibendem geheimen Teil („Shared Key") besteht. Wie ein Angreifer zudem das benötigte erste Byte des Schlüsselstroms (Pseudozufallszahlenfolge) erhält, wurde bereits weiter oben beschrieben. Laut [Gast05] hängt die mögliche Anzahl der „Weak IVs" von der Länge des „Shared Key" ab. Bei einem 40 Bit „Shared Key" gibt es insgesamt 1280 „Weak IVs", bei 104 Bit sind 3328 „Weak IVs" vorhanden. Die oben erwähnte Problematik mit der Wiederverwendung der Initialisierungsvektoren garantiert somit das häufige Auftreten der „Weak IVs".

In [Klei07] zeigt Klein eine Methode, wie ein Angreifer die zweite von Fluhrer et al. dargestellte RC4 Schwachstelle ausnutzen kann, ohne dass der sich ständig ändernde und bekannte Teil des Eingabeschlüssel der geforderten „resolved condition" („Weak IVs") unterliegen muss. Klein fand heraus, dass zwischen der ausgegebenen Pseudozufallszahlenfolge von RC4 und dem „Shared Key" weitaus mehr Korrelationen bestehen, als Fluhrer, Mantin und Shamir vermuteten.

Integritätssicherung:

Der Mechanismus der Integritätssicherung ist eine weitere Schwachstelle der WEP-Sicherheitsarchitektur. Für den ICV[9] kommt hier keine kryptographische Prüfsumme zum Einsatz, sondern ein lineares CRC-32 Prüfsummenverfahren. CRC[10]-Verfahren wurden ursprünglich dazu entwickelt, um bei der Übertragung von Daten Fehler

---

[7]http://www.rsa.com/
[8]Fluhrer et al. gehen hier von etwa maximal 4 Millionen verschlüsselten Paketen aus.
[9]„Integrity Check Value"
[10]„Cyclic Redundancy Check"

und zufällige Störungen zu erkennen, aber nicht zum Schutz vor böswilligen Angriffen auf die Nutzdaten und die Prüfsumme selbst. Borisov et al. zeigen in [BoGW01], dass aufgrund der Linearität des CRC-Verfahrens vorhergesagt werden kann, welche Bits sich im ICV bei Änderung eines einzelnen Bit in den Nutzdaten ändern. Da nun die Verschlüsselung der Daten in WEP selbst linear ist, XOR-Verknüpfung des Schlüsselstroms mit den Nutzdaten und dem ICV, ändert sich auch ein Bit im Klartext wenn das entsprechende Bit im Chiffrat geändert wurde und umgekehrt. Es kann also ebenfalls vorhergesagt werden, welche Bits sich im verschlüsselten ICV ändern, falls ein Bit der verschlüsselten Nutzdaten verändert wird. Einem Angreifer ist es somit auch ohne Kenntnis des geheimen „Shared Key" möglich, die Nutzdaten erfolgreich zu modifizieren. Sind einem Angreifer Teile der Nutzdaten, oder Positionen bestimmter Felder (z.B. Position der Zieladresse bei verwendetem IP-Protokoll), bekannt, kann er diese zu seinem Vorteil verändern (z.B. Änderung der Zieladresse) [Barn02].

Das Hauptziel der Datenintegrität in WEP kann somit mittels des verwendeten CRC-32 Prüfsummenverfahrens nicht gewährleistet werden.

Authentifizierung:

WEP unterscheidet bei der Authentifizierung zwischen zwei Modi: „Open System Authentication" und „Shared Key Authentication". Während die „Open System Authentication" jeden „Authentication Request" mit einem „Authentication Success" beantwortet, und somit nicht wirkliche eine Authentifizierung darstellt, verwendet die „Shared Key Authentication" ein Challenge-Response Verfahren zur Authentifizierung.

Trotz Authentifizierung stellt das Challenge-Response Verfahren eine erhebliche Sicherheitslücke dar. Ein Angreifer hat die Möglichkeit durch einfaches abhören der Challenge, gesendet vom Access Point zum Client, sowie der Response (verschlüsselte Challenge gesendet an den Access Point) den Schlüsselstrom mit zugehörigem Initialisierungsvektor ohne großen Aufwand zu rekonstruieren. Da der Initialisierungsvektor im Klartext übertragen wird, muss ein Angreifer nur noch die Challenge mittels XOR mit der Response verknüpfen und legt somit den kompletten Schlüsselstrom offen. Der Angreifer kann sich nun mittels diesem Paar, Initialisierungsvektor und zugehörigem Schlüsselstrom, selbst am Access Point authentifizieren. Weitaus problematischer wird diese Schwachstelle durch den Fakt, dass WEP für den Authentifizierungsprozess den gleichen „Shared Key" verwendet wie für die Verschlüsselung selbst. Durch die „Shared Key Authentication" kann ein Angreifer somit ohne großen Aufwand, nach Abhören der ausgetauschten Pakete, den Schlüsselstrom rekonstruieren, sich selbst authentifizieren und verschlüsselte Daten (bei gleichem IV) zum Teil[11] entschlüsseln [BMBC+05]. Da dies eine erhebliche Sicherheitslücke darstellt, sollte diese Methode der Authentifizierung unter keinen Umständen verwendet werden.

Ein weiteres Problem der Authentifizierung in WEP ist die Einseitigkeit. Es erfolgt hierbei lediglich eine Client-Authentifizierung, aber keine Authentifizierung des

---

[11]Dies bedeutet, dass ein Angreifer die Daten bis zur einer bestimmten Länge entschlüsseln kann. Die Länge entspricht hier der Länge des aus dem Authentifizierungsprozess gewonnenem Schlüsselstrom. Wurde für die Verschlüsselung der Daten ein längerer Schlüsselstrom verwendet, muss ein Angreifer die restlichen Schlüsselstromzeichen wie in den bereits vorher beschriebenen Schwachstellen rekonstruieren.

Empfängers (Access Point). Der Client kann dadurch nicht erkennen, ob er mit dem korrekten Access Point kommuniziert, oder ob es sich um einen Angreifer handelt welcher sich als Access Point ausgibt (Man-in-the-Middle Angriff) [Hofh05]. Zum Schluss muss auch noch erwähnt werden, dass die Client-Authentifizierung nur die eingesetzte Hardware betrifft und nicht den Benutzer der diese verwendet. Gelingt es einem Angreifer die Kontrolle über die Hardware zu erlangen, kann er ohne weiteres an der Kommunikation im WLAN teilnehmen, gesendete Daten abhören, und mit dem in der Hardware gespeicherten „Shared Key" verschlüsselte Daten entschlüsseln [Hage03].

3.1.3 Angriffe auf WEP

Die im vorhergehenden Kapitel aufgezeigten erheblichen Schwachstellen der WEP-Sicherheitsarchitektur haben dazu geführt, dass auf WEP erfolgreich zahlreiche Angriffe durchgeführt wurden. Einige der Angriffsmöglichkeiten wurden im vorherigen Kapitel bereits beschrieben. Hier sollen noch einmal einige sehr bekannte Angriffe dargestellt werden.

FMS:

Der FMS-Angriff wurde nach den Entdeckern der dabei ausgenutzten Schwachstellen in der Stromchiffre RC4 benannt. Scott Fluhrer, Itsik Mantin und Adi Shamir (FMS) veröffentlichten 2001 ihr Paper „Weakness in the Key Scheduling Algorithm of RC4" [FlMS01]. Sie fanden heraus, dass RC4 unter zwei erheblichen Schwachstellen leidet: der Anfälligkeit von RC4 bei einer Klasse von „Weak Keys" sowie der Anfälligkeit wenn ein sich ständig ändernder Teil des Eingabeschlüssels bekannt ist (IV Weakness). Für eine genauere Beschreibung sei hier auf das Paper [FlMS01] und Kapitel 3.1.2 verwiesen.
2002 zeigten Stubblefield, Ioannidis und Rubin in ihrem Paper „Using the Fluhrer, Mantin and Shamir Attack to Break WEP" [StIR02], dass die theoretischen Betrachtungen von Fluhrer et al. auch in der Realität von Erfolg gekrönt sind um die WEP-Sicherheitsarchitektur zu kompromittieren. Nach Stubblefield et al. sind für die Rekonstruktion eines Bytes des „Shared Key" in der Regel 60 verschiedene Pakete notwendig, die einen „Weak IV" enthalten. Ein 24 Bit langer „Weak IV" zeichnet sich dabei durch den besonderen Aufbau seiner Bytes aus: $(X + 3, 0xFF, N)$. X steht für das zu rekonstruierende Byte des „Shared Key", N ist frei wählbar. Die Forderung nach 60 „verschiedenen" Paketen besagt, dass sich das dritte Byte eines „Weak IV" (N) in jedem Paket unterscheidet. Stubblefield et al. gehen davon aus, dass etwa 5 - 6 Millionen verschlüsselte Pakete abgehört werden müssen, um den kompletten „Shared Key" zu ermitteln. In einem Netzwerk mit halbwegs vernünftigen Verkehr dauert der FMS-Angriff somit nur wenige Stunden.
Basierend auf den Ergebnissen von Fluhrer et al. wurden Tools wie AirSnort[12] entwickelt, mit denen jeder Benutzer - mit Zugang zu einem mit WEP „gesicherten" WLAN - die Möglichkeit hat, den „Shared Key" sehr einfach zu kompromittieren.

---

[12]http://airsnort.shmoo.com/

Improved FMS:

David Hulton (alias h1kari) zeigte 2002 in [Hult02] eine neue Methode auf, den FMS-Angriff zu verbessern. Seine optimierte Angriffstechnik bezieht dabei nicht nur das erste Byte der Ausgabe von RC4 mit in Betracht, sondern auch die nachfolgenden. Diese Methode hat den Vorteil, dass insgesamt nur noch zwischen 500.000 und 2 Millionen verschiedene und verschlüsselte Pakete abgehört werden müssen, um den „Shared Key" zu kompromittieren. Die benötigte Zeit für den Angriff wird dadurch drastisch reduziert. Für Details dieser neuen Methode sei hier allerdings auf das Paper verwiesen.

KoreK-Angriff:

Eine Person mit dem Pseudonym KoreK stellte im August 2004 eine weitere bahnbrechende Methode vor, den „Shared Key" von WEP noch effizienter und schneller zu kompromittieren. Die von KoreK entwickelte Angriffstechnik basiert auf statistischer Kryptoanalyse, und nutzt u.a. eine Schwachstelle der WEP-Integritätsprüfung aus. Da sie allein von der Anzahl der abgehörten Pakete mit einzigartigen Initialisierungsvektoren abhängt, ist es somit unnötig auf die von FMS beschriebenen „Weak IVs" zu warten. Versuche haben gezeigt, dass ungefähr 500.000 Pakete notwendig sind, um mit einer Erfolgswahrscheinlichkeit von 80% einen 104 Bit „Shared Key" zu rekonstruieren.

Da von KoreK weder Whitepaper noch Publikationen zu diesem Angriff existieren, sei hier für weitere Details auf sein Proof-of-Concept-Tool „chopper"[13] sowie weitere Ausführungen im NetStumbler-Forum[14] verwiesen. Bekannte Angriffs-Tools wie Aircrack[15] haben zudem den KoreK-Angriff erfolgreich implementiert.

Tews, Pychkine und Weinmann:

Im April 2007 stellten Erik Tews, Andrei Pychkine und Ralf-Philipp Weinmann von der TU Darmstadt in ihrem Paper „Breaking 104 bit WEP in less than 60 seconds" [TeWP07] einen weiteren revolutionären Angriff auf WEP vor. Ihre Methode basiert dabei auf den Erkenntnissen von Klein [Klei07], dass zwischen der ausgegebenen Pseudozufallszahlenfolge von RC4 und dem „Shared Key" weitaus mehr Korrelationen bestehen, als Fluhrer, Mantin und Shamir vermuteten. Klein zeigte in seinen Angriffen auf RC4 ebenfalls, dass die Forderung nach Paketen mit „Weak IVs" nicht mehr erfüllt sein muss.

Tews, Pychkine und Weinmann erweiterten und optimierten die Angriffsmethode von Klein gegen RC4 und leiten in ihrem Paper folgende Gleichung für den Angriff auf den WEP „Shared Key" her:

K ist dabei der verwendete „Shared Key", S die in RC4 verwendete S-Box, i und j die von RC4 verwendeten Zählvariablen und KS der von RC4 erzeugte Schlüsselstrom - siehe dazu Kapitel 2. Weiter seien S_k und j_k die Werte von S und j nach k Iterationen; $S_k[l]$ sei der Wert von S an der Stelle l nach k Iterationen.

---

[13]http://www.netstumbler.org/f50/aircrack-yet-another-wep-cracking-tool-linux-11878/index2.html [Online; 1.11.2007]

[14]http://www.netstumbler.org/f18/next-generation-wep-attacks-12277 [Online; 1.11.2007]

[15]http://www.aircrack-ng.org

$$\sigma_i = \sum_{l=0}^{i} K[l] \approx (S_3^{-1}[(3+i) - KS[2+i]] - (j_3 + \sum_{3}^{3+i} S_3[l])) \bmod 256 = A_i$$

Es sei hier kurz erwähnt, dass für die Berechnung von S_3 nur die ersten 3 Byte des RC4 Eingabeschlüssels - also der im Klartext übertragene IV - benötigt werden. Für eine detailierte Herleitung der Gleichung sei hier allerdings auf [TeWP07] weiterverwiesen.

Zur Durchführung des von Tews et al. beschriebenen Angriffs auf den „Shared Key", werden unterschiedliche IV/KS Paare benötigt. Um bei einem verschlüsselten Paket, neben dem im Klartext übertragenen IV, auch den zugehörigen Schlüsselstrom (KS) zu bestimmen, greifen Tews et al. auf ARP[16]-Pakete zurück. ARP-Pakete - sowohl Anfragepakete als auch Antwortpakete - haben den Vorteil, dass sie anhand ihrer fest vorgegebenen Größe leicht innerhalb des restlichen Datenverkehrs erkannt werden können. Der größte und hier sicherlich wichtigste Vorteil besteht allerdings darin, dass die ersten 16 Byte eines ARP-Pakets immer fix sind - fixe 8 Byte für den Logical Link Control (LLC) Header (AA AA 03 00 00 00 08 06) gefolgt von den ersten fixen 8 Byte des ARP-Antwort-/Anfragepakets selbst (00 01 08 00 06 06 00 01/02).

Wird nun ein verschlüsseltes ARP-Paket mit diesen fixen 16 Byte mittels XOR verknüpft, erhält man die ersten 16 Byte des in diesem Paket verwendeten Schlüsselstroms (KS) - der entsprechende IV wird im Paket im Klartext mitübertragen.

Um in kurzer Zeit genügend verschlüsselte ARP-Pakete mit unterschiedlichen IV/KS Paaren abfangen zu können, werden vorher abgefangene ARP-Anfragepakete wieder ins Netzwerk eingespielt (Re-Injezierung), und somit zusätzliche ARP-Antwortpakete erzeugt.

Nachdem schließlich genügend IV/KS Paare gesammelt wurden, wird für jedes σ_i aus obiger Gleichung (bei einem 104 Bit Shared Key σ_0 bis σ_{12}, bei einem 40 Bit Shared Key σ_0 bis σ_4) sowie jedes IV/KS Paar der Wert A_i berechnet. Jedes Ergebnis geht danach als Stimme für σ_i mit dem Wert A_i ein. Der vermutlich korrekte Wert für σ_i ist dann derjenige Wert, mit den meisten Stimmen. Die einzelnen Bytes des „Shared Key" lassen sich letztendlich dann folgendermaßen ableiten:

$SK[0] = \sigma_0$ für das erste Byte des „Shared Key"

$SK[i] = \sigma_i$ - σ_{i-1} für die restlichen Byte

Die Simulationen von Tews et. al haben gezeigt, dass ein 104 Bit WEP „Shared Key" bereits nach ungefähr 40.000 abgefangenen und verschlüsselten Paketen mit einer Wahrscheinlichkeit von 50%, bei ungefähr 60.000 mit einer Wahrscheinlichkeit von 80% und bei ungefähr 85.000 bereits mit einer Wahrscheinlichkeit von 95% rekonstruiert werden kann.

---

[16]Address Resolution Protocol

3.1.4 Verbesserungen

Nachdem die Schwachstellen von WEP langsam bekannt wurden, entschieden sich
diverse Hersteller dazu, in ihren Produkten Änderungen an der eigentlichen WEP-
Sicherheitsarchitektur vorzunehmen. Ihre proprietären Lösungen versuchten einzelne
Schwachstellen zu beseitigen. Eine bereits in den vorhergehenden Kapiteln erwähnte
Verbesserung, ist die Erweiterung der Länge des „Shared Key" von den im Standard
vorgeschriebenen 40 Bit auf 104 Bit. Die oben beschriebenen weiteren Schwachstellen
und Angriffe auf WEP zeigen allerdings, dass diese Erweiterung keine Verbesserung
der Sicherheit von WEP darstellt.

WEPplus:

WEPplus wurde von Agere Systems Inc. 2001 entwickelt und seit 2002 in ihrer
ORiNOCO Produktreihe eingesetzt. Die Verbesserung die WEPplus dabei vorsieht,
ist der Ausschluss bestimmter 3 Byte langer Initialisierungsvektoren deren zweites
Byte den Hexadezimalwert $0xFF$ enthält - den sogenannten „Weak IVs" [Hage03].
Welche Schwachstelle innerhalb der WEP-Sicherheitsarchitektur damit geschlossen
werden soll, zeigt Kapitel 3.1.2 im Zusammenhang mit der Stromchiffre RC4. Der
in Kapitel 3.1.3 beschriebene und auf „Weak IVs" basierende FMS-Angriff ist somit nicht mehr durchführbar. Da allerdings die Angriffstechniken von KoreK (s.o.)
und Klein [Klei07], sowie die neueste Methode von Tews, Pychkine und Weinmann
[TeWP07], keine „Weak IVs" voraussetzen oder benötigen, ist WEPplus heute nahezu wirkungslos. Zum damaligen Zeitpunkt (2002) war WEPplus jedoch eine sinnvolle
Verbesserung.

WEP2:

WEP2 wurde von der IEEE 802.11 Task Group i (TGi)[17] als Nachfolger von WEP
geplant. Die Verbesserungen die WEP2 vorsah, waren eine Erweiterung der Länge
des Initialisierungsvektor auf 128 Bit, Möglichkeiten zum periodischen Wechsel des
„Shared Key" sowie der Einsatz von Kerberos ([BMBC+05]) zur Authentifizierung.
Die TGi verwarf diesen Ansatz jedoch nach kurzer Zeit wieder, da immer noch einige
schwerwiegende Schwachstellen vorhanden waren. Des Weiteren ist Kerberos anfällig
gegenüber Wörterbuchangriffen [Hage03].

---

[17]http://www.ieee802.org/11/

3.2   WPA

Nachdem sich die WEP-Sicherheitsstruktur als völlig unzureichend zur Sicherung der drahtlosen Kommunikation herausgestellt hatte, wurde von der IEEE 802.11 Standardisierungsgruppe bereits Ende 2000 die Task Group i (TGi) gegründet. Deren Aufgabe war es, den von Grund auf neuen und dieses Mal sicheren Standard IE-EE 802.11i [IEEEa] zur Kommunikation in drahtlosen Netzwerken zu schaffen. Da sich solch ein Standardisierungsprozess allerdings über Jahre hinweg zieht[18], musste für die Sicherheit in WLANs schon früher schnellstens etwas getan werden. Auf Bestreben der Wi-Fi Alliance[19] wurden somit im Jahr 2003 bereits fertige Teile des IEEE 802.11i Standards zusammengefasst, und unter einem eigenen Standard - Wi-Fi Protected Access (WPA) - veröffentlicht [Alli]. Die WPA-Sicherheitsarchitektur ist dabei sowohl zur alten Hardware, als auch zum IEEE 802.11i Standard kompatibel - sie bedarf lediglich eines Software-Updates. Dies hat den Vorteil, dass auch ohne Austausch der alten Hardware die unsichere WEP-Sicherheitsarchitektur sofort durch WPA ersetzt werden kann.

3.2.1   Sicherheitsmechanismen

WPA trat somit die Nachfolge von WEP an, um dessen Schwachstellen in Verschlüsselung, Integritätssicherung und Authentifizierung zu beseitigen. Grundsätzlich lassen sich bei der WPA-Sicherheitsarchitektur zwei verschiedene Varianten unterscheiden: „WPA Personal" und „WPA Enterprise". Die beiden Varianten unterscheiden sich dabei lediglich im Bezug auf die Authentifizierung; Verschlüsselung und Integritätssicherung sind bei beiden Varianten gleich geregelt.

„WPA Personal" verwendet bei der Authentifizierung und Schlüsselerzeugung einen vorverteilten geheimen Schlüssel - den „Pre-Shared Key" (PSK) - sowie WPA fähige Client und Access Point Hardware. Diese Variante wurde geschaffen, damit auch Anwender in kleineren Netzwerken (SOHO-Umgebungen[20]) WPA anstatt WEP verwenden können. In größeren Netzwerken ist diese Variante nicht praktikabel, da der PSK allen Clients und Access Points vorher bekannt sein muss und eine Verteilung außerhalb der WPA-Sicherheitsarchitektur stattfindet. Vergleichbar ist diese Variante mit der „Shared Key Authentication" der WEP-Sicherheitsarchitektur.

„WPA Enterprise" hingegen, wurde für größere Netzwerke geschaffen und benötigt, neben WPA fähiger Hardware, einen RADIUS Authentifizierungsserver [BMBC+05].

Schlüsselmanagement und Authentifizierung:

Bevor die Sicherheitsmechanismen Verschlüsselung und Integritätssicherung der WPA-Sicherheitsstruktur behandelt werden, muss ein Überblick über die dort verwendeten Schlüssel und deren Erzeugung gegeben werden. Da die Erzeugung einiger Schlüssel gleichzeitig Teil der Authentifizierung ist, soll diese hier gleich mitbehandelt werden. Prinzipiell lässt sich zwischen zwei Arten von Schlüssel unterscheiden: ein fester und

---

[18]Letztendlich wurde der Standard IEEE 802.11i 2004 verabschiedet.
[19]Die Wi-Fi Alliance ist ein Zusammenschluss führender Hersteller. Ihr Ziel ist es, die Standardisierung eines weltweit anerkannten und alleinigen WLAN-Standards voranzutreiben (http://www.wi-fi.com).
[20]Small Office Home Office

mehrere temporäre Schlüssel. Der „feste Schlüssel" muss beiden Seiten der Kommunikation bereits vorher bekannt sein. Aus ihm werden dann wiederum die „temporären Schlüssel" erzeugt. Aufgrund dieser wichtigen Funktion wird der „feste Schlüssel" auch „Master Key" genannt [BMBC+05].

- „Pairwise Master Key" (PMK)

  Der PMK ist ein 256 Bit langer Schlüssel der in der Schlüsselhierarchie die oberste und somit wichtigste Stelle einnimmt. Bevor dieser allerdings verwendet werden kann, muss er sowohl auf dem Client als auch auf dem Access Point (AP) eingerichtet werden. Hierzu gibt es zwei Möglichkeiten:
  Die erste Möglichkeit stellt die WPA-Variante „WPA Personal" dar. Sie verwendet dabei einen „Pre-Shared Key" (PSK) als PMK. Dieser muss, sowohl auf dem Client als auch auf jedem Access Point, eingetragen werden. Aufgrund seiner Länge von 256 Bit, respektive 32 Byte, eignet sich der PMK nicht dazu, manuell eingetragen zu werden. Hierbei kommt das Problem auf, dass einige Benutzer - anstatt der 256 Bit - einfachere 32 Byte Worte (oder sogar noch weniger) als Schlüssel verwenden. Dies hat zur Folge, dass der Schlüssel seine Stärke verliert und anfällig gegenüber Wörterbuch-Angriffen ist.
  Die zweite Möglichkeit den PMK auf Client und Access Point einzurichten ist, im Gegensatz zur manuellen Variante, eine automatisierte Variante zur Erzeugung des PMK - man spricht hier auch von der Variante „WPA Enterprise". Zum Einsatz kommt hier als portbasierte Zugangskontrolle IEEE 802.1X [IEEEd] mit dem Extensible Authentication Protocol (EAP) [IETFb] sowie Remote Access Dial-In User Service (RADIUS) [IETFa] zur Kommunikation mit dem Authentifizierungsserver - siehe hierzu auch Kapitel 2.
  Die Erzeugung des PMK erfolgt auf beiden Seiten während der Authentifizierung des Client am Authentifizierungsserver, man spricht hier deshalb auch von einem serverbasiertem Schlüssel. Während der Authentifizierung lassen sich drei verschiedene Rollen unterscheiden: der Supplicant (Client) der sich authentifizieren will, ein Authentifizierer (Access Point) welcher die Authentifizierungsanfragen weiterleitet und ein Authentifizierungsserver, welcher die Anfragen empfängt, bearbeitet und das Ergebnis an den Authentifizierer zurückschickt. Auf Supplicant und Authentifizierungsserver kommt dabei ein Authentifizierungsprotokoll der höheren Schicht zum Einsatz, das dann aus den bei der Authentifizierung mit dem Supplicant erzeugten Zufallszahlen den PMK erzeugt [EdAr04]. IEEE 802.11i [IEEEa] spezifiziert das zu verwendende Authentifizierungsprotokoll allerdings nicht genauer, als Beispiel sei hier nur das zertifikatbasierte Transport Layer Security Protocol (TLS)[21] genannt. Zur Aushandlung des PMK zwischen Supplicant und Authentifizierungsserver kommt das Extensible Authentication Protocol (EAP) zum Einsatz. Die Übertragung des auf dem Authentifizierungsserver erzeugten PMK zum Authentifizierer (Access Point) geschieht mittels Remote Access Dial-In User Service (RADIUS). Für eine detaillierte Beschreibung der ausgetauschten EAP und RADIUS Nachrichten sei hier auf [EdAr04] verwiesen.
  Nachdem Client und Access Point der „Pairwise Master Key" nun zur Verfügung steht, kann der für die eigentlich Kommunikation benötigte „Pairwise

---

[21]http://tools.ietf.org/html/rfc2246 bzw. http://tools.ietf.org/html/rfc4346

Transient Key", sowie die daraus folgenden temporären Schlüssel, von beiden
Seiten gemeinsam erzeugt werden.

- „Pairwise Transient Key" (PTK)

  Ist der „Pairwise Master Key" (256 Bit) sowohl auf dem Supplicant (Client),
  als auch auf dem Authentifizierer (Access Point) eingerichtet, kann der 512 Bit
  lange „Pairwise Transient Key" (PTK) mittels eines „4-Way-Handshakes" von
  beiden Seiten gemeinsam erzeugt werden. Diese Erzeugung findet dabei jedesmal statt, wenn sich der Client mit dem Access Point verbindet. Um zu garantieren, dass sich der PTK dabei jedesmal ändert, erzeugen Supplicant (Client)
  und Authentifizierer (Access Point) vor dem eigentlichen 4-Way-Handshake
  jeweils eine 256 Bit lange Pseudozufallszahl (Nonce): beim Supplicant ist dies
  der „SNonce", beim Authentifizierer der „ANonce". Wie diese Pseudozufalls-
  zahlen allerdings erzeugt werden, wird vom IEEE 802.11i Standard [IEEEa]
  nicht näher spezifiziert.

  Die erste Nachricht des 4-Way-Handshake ist eine EAPoL[22]-Key-Nachricht
  (siehe genauer [EdAr04]), in der der Authentifizierer seinen ANonce an den
  Supplicant sendet. Sie ist allerdings weder verschlüsselt noch gegen Modifikationen geschützt. Sollte ein Angreifer die Nachricht verändern, hat dies keine
  sicherheitsbedenklichen Auswirkungen, da lediglich der 4-Way-Handshake fehl-
  schlägt und wiederholt werden muss. Der Supplicant hat nach Empfang der
  Nachricht nun alle Informationen zusammen, um den „Pairwise Transient Key"
  zu berechnen: PMK, SNonce, MAC-Adresse des Supplicant, ANonce, MAC-
  Adresse des Authentifizierers. Die Berechnung erfolgt durch eine Pseudozufallszahlenfunktion, die den 256 Bit langen PMK auf die geforderten 512 Bit
  des PTK erweitert - als Eingabe dienen die oben genannten Werte. Als Pseudozufallszahlenfunktion wird hier HMAC-SHA-1[23] verwendet; für eine genaue-
  re Betrachtung dessen siehe [IEEEa]. Aus dem erzeugten „Pairwise Transient
  Key" (512 Bit) lassen sich die vier temporären Schlüssel ableiten: EAPOL-Key
  Encryption Key (EAPOLEncrKey, 128 Bit) und EAPOL-Key Integrity Key
  (EAPOLMICKey, 128 Bit) zum Schutz der Schlüsselübertragung während des
  Handshake, sowie der Data Encryption Key (DataEncrKey, 128 Bit) und Da-
  ta Integrity Key (DataMICKey, 128 Bit) zum Schutz der Datenübertragung
  (Verschlüsselung und Integritätssicherung) (siehe Abbildung 3.2).

  Die zweite Nachricht des 4-Way-Handshake wird vom Supplicant an den Authentifizierer geschickt. Sie enthält den SNonce, womit auch der Authentifizierer den gleichen „Pairwise Transient Key" wie der Supplicant berechnen kann.
  Eine Verschlüsselung der Nachricht findet ebenfalls nicht statt, sie enthält aber
  einen über die komplette Nachricht gebildeten Message Integrity Code (MIC)
  um Modifikationen zu verhindern - der hier verwendete MIC-Algorithmus ist
  „Michael" (siehe Kapitel 2) und benutzt dabei den vom Supplicant zuvor berechneten EAPOL-Key Integrity Key (EAPOLMICKey). Nachdem auch der
  Authentifizierer den PTK erzeugt hat, überprüft er mittels seines soeben erzeugten EAPOL-Key Integrity Key den MIC. Eine positive Überprüfung hat
  dabei zwei Ergebnisse: Zum einen wurde die Nachricht nicht modifiziert wäh-

---

[22]EAP over LAN
[23]http://tools.ietf.org/html/rfc2104

rend der Übertragung, und zum anderen verifiziert der Authentifizierer somit, dass der Supplicant den richtigen PMK besitzt.

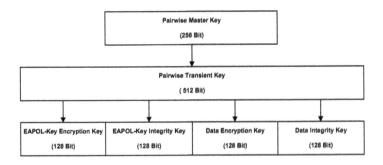

Abbildung 3.2: WPA - Schlüsselhierarchie

Die dritte Nachricht wird wiederum vom Authentifizierer an den Supplicant geschickt und teilt ihm mit, dass er die temporären Schlüssel erzeugt hat und diese nun aktiviert werden können. Die Nachricht ist dabei wieder nicht verschlüsselt und enthält einen MIC; der Supplicant kann durch den MIC wiederum seinerseits überprüfen, ob die Nachricht modifiziert wurde, und ob der Authentifizierer den richtigen PMK besitzt. Zusätzlich initialisiert die Nachricht eine Sequenznummer, beginnend bei 0, die für die verschlüsselten Pakete verwendet wird.

Die vierte und letzte Nachricht des 4-Way-Handshake, vom Supplicant an den Authentifizierer, bestätigt seinerseits die komplettierte Schlüsselerzeugung sowie die Aktivierung der temporären Schlüssel. Nach erfolgreicher Überprüfung des verwendeten MIC, aktiviert auch der Authentifizierer seine temporären Schlüssel. Ab diesem Zeitpunkt ist der 4-Way-Handshake abgeschlossen. Aufgrund der auf beiden Seiten gleichen temporären Schlüssel, besteht nun eine sicher Kommunikationsverbindung [EdAr04].

In den bisherigen Betrachtungen wurde allerdings ein Punkt noch nicht näher beachtet: die Authentifizierung des Access Points gegenüber dem Client. Obwohl der Client unter Hilfe des Access Points mit dem Authentifizierungsserver kommuniziert, ist es immer noch möglich, dass der Access Point kompromittiert wurde. Was dem allerdings entgegen spricht ist die Forderung nach einer sicheren Verbindung zwischen Access Point und Authentifizierungsserver. Der Access Point erhält den „Pairwise Master Key" vom Authentifizierungsserver somit nur, wenn er sich diesem gegenüber authentifiziert hat (z.B. durch ein gemeinsames Geheimnis). Kann der Access Point dem Client beweisen, dass er den korrekten PMK besitzt, hat er sich diesem gegenüber somit erfolgreich authentifiziert. Dieser Beweis erfolgt innerhalb der Erzeugung des „Pairwise Transient Key" [EdAr04].

Temporal Key Integrity Protocol (TKIP):

Um die Schwachstellen von WEP in Verschlüsselung und Integritätssicherung zu beseitigen, kommt in WPA das „Temporal Key Integrity Protocol" (TKIP) zum Einsatz. Es wurde entwickelt um auch auf älterer WEP fähiger Hardware zu laufen, und somit lediglich eines Softwareupdates bedarf. Aufgrund dieser Kompatibilität finden sich einige Elemente von WEP in TKIP wieder. Diese wurden allerdings erweitert, von neuen Funktionen umgeben und derart verbessert, dass die Schwachstellen von WEP beseitigt werden konnten. Insgesamt führt TKIP folgende Änderungen ein: Größe, Auswahl und Verwendung der Initialisierungsvektoren, Erstellung der Eingabeschlüssel bei der Verschlüsselung mittels RC4 sowie eine neue Methode zu Integritätssicherung [Hofh05]. Diese sollen hier nun zuerst im Einzelnen beschrieben werden. Zum Schluß wird dann das Zusammenspiel der einzelnen Komponenten noch einmal dargestellt.

- Initialisierungsvektor (IV)

  Der erste Schritt in Richtung einer sichereren Architektur wurde mit der Vergrößerung des IV-Raumes vollbracht. Die in WEP verwendeten 24 Bit langen IVs wurden in WPA durch 48 Bit lange IVs ersetzt. Diese Länge führt nun dazu, dass der zur Verfügung stehende Raum von 16.777.216 verschiedenen Initialisierungsvektoren auf 281.474.976.710.656 anwächst und die in WEP auftretende Schwachstelle der Wiederverwendung von IVs (Kapitel 3.1.2) somit beseitigt. Der später beschriebene Schlüsselmix trägt zusätzlich dazu bei, den Raum der IVs zu vergrößern. Wie bei WEP setzt sich der zur Verschlüsselung verwendete Schlüssel aus IV und einem geheimen Schlüssel zusammen. Im Gegensatz zu WEP aber, ist dieser geheime Schlüssel in WPA für jedes zu übertragende Paket verschieden. Erreicht wird dies durch einen Schlüsselmix, in den unter anderem die MAC-Adresse des Senders mit eingeht. Selbst wenn nun zwei Clients den gleichen IV verwenden, ist der geheime Schlüssel immer verschieden und es werden IV Kollisionen vermieden [Gast05].
  Eine Neuerung bzgl. des IVs ist sein zusätzlicher Einsatz als Sequenzzähler - „TKIP Sequence Counter" (TSC). Im Gegensatz zu WEP schreibt TKIP nun vor, dass der IV mit dem Wert 0 initialisiert und für jedes zu sendende Paket um 1 inkrementiert wird. Der Empfänger akzeptiert zudem nur noch Pakete, deren TSC innerhalb eines bestimmten Fensters der Größe 16 liegen. Alle Pakete deren TSC um 16 kleiner ist als der bisher höchste empfangene TSC werden verworfen. Als Folge dessen, sind Replay-Angriffe[24] nicht mehr möglich [Hofh05].

---

[24]Bei einem Replay-Angriff versucht der Angreifer erst gar nicht die abgehörten Pakete zu entschlüsseln, sondern rät einfach um was es sich bei den Paketen handeln könnte und was sie bezwecken. Sind die Pakete nicht gegen solch einen Angriff geschützt, kann der Angreifer diese immer wieder ins Netzwerk einspielen und Schaden anrichten (z.B. durch Überlasten einzelner Dienste).

- RC4 Eingabeschlüssel

Die Verschlüsselung basiert, wie auch bei WEP, auf der symmetrischen Strom-chiffre RC4. Da TKIP das Ziel hat zu älterer WEP-fähiger Hardware kompa-tibel zu sein, muss auf den in der jeweiligen Hardware implementierten RC4 zurückgegriffen werden. Da die Schwachstellen bei WEP - im Zusammenhang mit RC4 - in dessen Anwendungsweise und nicht in dessen Design liegen, ist dies aber durchaus vertretbar.

Im Gegensatz zu WEP setzt sich unter TKIP der für RC4 verwendete Einga-beschlüssel nicht einfach nur aus dem aktuellen IV und einem für jedes Paket gleichbleibendem geheimen Schlüssel (Shared Key) zusammen. Der von TKIP verwendete 48 Bit lange IV wird zunächst in einen „Upper IV" und einen „Lower IV" aufgeteilt. Dabei besteht der „Upper IV" aus den höherwertigen 32 Bit, und der „Lower IV" aus den niederwertigen 16 Bit des Initialisierungsvek-tors. Was daraufhin folgt wird als „Schlüsselmix" bezeichnet und erzeugt für jedes zu sendende Paket einen eigenen Schlüssel („Per-Packet-Key"). Dies hat den Vorteil, dass ein Angreifer für einen FMS-Angriff (Kapitel 3.1.2) niemals genügend Pakete mit gleichem Schlüssel zusammen bekommt, um den Angriff erfolgreich auszuführen [EdAr04]. Der Schlüsselmix besteht aus zwei Phasen die jeweils unterschiedliche Eingaben erhalten und Berechnungen durchführen: Die erste Phase erhält als Eingabe den 32 Bit langen „Upper IV", die 32 Bit lange MAC-Adresse des Senders sowie den während des 4-Way-Handshake berechneten 128 Bit langen „Data Encryption Key (DataEncrKey)". Mittels einer rechenintensiven Hash-Funktion wird aus diesen Eingaben dann ein 80 Bit langer Zwischenschlüssel gebildet, der „TKIP mixed Transmit Address and Key" (TTAK). Solange sich die Eingabewerte nicht ändern, kann der TTAK zwischengespeichert und für die zu versendenden Pakete verwendet werden. Spätestens nach $2^{16} = 65536$ aufeinanderfolgende Paketen jedoch ändert sich, durch die Inkrementierung des IV, der „Upper IV" und eine Neuberechnung des TTAK wird notwendig.

Die zweite Phase des Schlüsselmix erhält als Eingabe den zuvor in Phase 1 be-rechneten TTAK, ebenfalls den „Data Encryption Key" (DataEncrKey) sowie den 16 Bit langen „Lower IV". Diese Phase muss für jedes zu versendende Pa-ket aufgrund der Inkrementierung des IV berechnet werden. Falls sich TTAK und DataEncrKey nicht ändern, kann aber auch eine Vorberechnung erfolgen, da die Inkrementierung des IV und der sich dadurch ändernde „Lower IV" vorhersehbar sind. Das Ergebnis der Berechnungen dieser Phase bildet dann letztendlich der 104 Bit lange „Per-Packet-Key" (PPK) [Gast05].

Für eine detaillierte Beschreibung der in beiden Phasen durchgeführten Be-rechnungen sei hier auf den Standard IEEE 802.11i [IEEEa] verwiesen.

Der letztendlich für die Verschlüsselung verwendete 128 Bit lange Eingabe-schlüssel in RC4 setzt sich zum einen aus dem 104 Bit langen „Per-Packet-Key", und zum anderen aus dem von 16 auf 24 Bit erweiterten „Lower IV" zusammen. Um die für FMS-Angriffe (Kapitel 3.1.2) verwendeten schwachen Schlüssel („Weak IV") zu vermeiden, wird der 16 Bit lange „Lower IV" auf 24 Bit erweitert, so dass diese nicht mehr auftreten. Der „Lower IV" wird dazu in zwei 8 Bit Werte geteilt. Dann werden die ersten 8 Bit einfach dupliziert und bestimmte Bits fix gesetzt. Die resultierenden 24 Bit dienen dann zusammen mit dem PPK als Eingabe in RC4 [EdAr04].

- Integritätssicherung

Zur Sicherung der Datenintegrität kommt in TKIP ein Message Integrity Code
(MIC) in Form des „Michael"-Algorithmus (siehe Kapitel 2) zum Einsatz. „Michael" hat zum einen den Vorteil, dass er auch auf älterer Hardware mit vertret-
barem Aufwand berechnet werden kann. Zum anderen ist die Umkehrung der
Berechnung mittels der verwendeten kryptographischen Einweg-Hashfunktion
nicht durchführbar [EdAr04] - so wie dies der Fall bei dem in WEP verwendetem Integrity Check Value (ICV) ist (siehe Kapitel 3.1.2). Der von WEP
eingesetzte ICV - in Form des CRC-32 Algorithmus - bleibt zur Erkennung von
Übertragungsfehlern allerdings erhalten. Im Gegensatz zum ICV, der über die
Nutzdaten jedes einzelnen Paketes (auch Fragment genannt) einer Nachricht
berechnet wird, wird der MIC über Daten einer kompletten Nachricht berechnet. Der Empfänger überprüft den MIC somit erst, wenn alle Fragmente einer
kompletten Nachricht bei ihm eingetroffen und wieder zusammengesetzt sind.
Fällt die MIC-Überprüfung beim Empfänger negativ aus, d.h. wenn auch nur
ein einzelnes Paket/Fragment verändert wurde, wird die komplette Nachricht
verworfen und es werden Gegenmaßnahmen eingeleitet (s.u.). Der ICV sorgt
dabei zusätzlich dafür, dass die Gegenmaßnahmen nicht aufgrund von Übertragungsfehlern eingeleitet werden [BMBC+05].
Als Eingabe erhält der 64 Bit lange MIC, neben den eigentlichen Nutzdaten, die jeweils 48 Bit lange Ziel- und Quelladresse (MAC), ein 8 Bit langes
Priority-Feld, ein 24 Bit langes Padding-Feld sowie den im 4-Way-Handshake
berechneten 128 Bit langen „Data Integrity Key" (DataMICKey). Der Data-
MICKey garantiert dabei, dass ein Angreifer den MIC ohne Kenntnis dessen
nicht berechnen und somit fälschen kann. Nach erfolgreicher MIC Berechnung
wird dieser an die zu versendenden Nutzdaten angehängt [Gast05].
Die oben genannten Gegenmaßnahmen wurden eingeführt, da aufgrund der
Leistungsbeschränkung der alten Hardware, auch der MIC keinen vollkommen
Schutz bieten kann. Laut [EdAr04] bietet Michael lediglich einen Schutz von
20 Bit. Bei einem zufällig gewählten MIC besteht somit die Wahrscheinlichkeit
von eins zu einer Million den richtigen zu erraten. Da dies für eine kryptographische Absicherung nicht ausreichend ist, wurde das Prinzip der Gegenmaßnahmen entwickelt. Angriffe die nicht verhindert werden können, sollen somit
entdeckt werden und zur Einleitung von Gegenmaßnahmen führen. Damit diese Maßnahmen allerdings nicht unnötig ausgelöst werden, führen bereits Fehler
in den einzelnen Paketen/Fragmenten dazu, dass diese verworfen werden. Fehler können hier z.B. durch negative Überprüfungen des ICV oder des TSC
auftreten. Die vom IEEE 802.11i Standard [IEEEa] festgelegten Gegenmaßnahmen unterscheiden sich dabei nach dem Ort des Auftretens der negativen
MIC-Überprüfung:
Tritt ein MIC-Fehler auf einem Supplicant (Client) auf, wird als erstes die
komplette Nachricht verworfen und der Vorfall in einem Log-File festgehalten.
Danach wird ein eigener TKIP MIC-Fehlerzähler um eins inkrementiert und
eine Fehlernachricht an den Authentifizierer (Access Point) geschickt. Tritt das
erste Mal ein MIC-Fehler auf wird zusätzlich noch ein Fehlertimer aktiviert.
Sind beim nächsten MIC-Fehler weniger als 60 Sekunden seit auftreten des
letzten Fehlers vergangen, wartet der Supplicant bis die Fehlernachricht zum
Authentifizierer übertragen ist, und schließt dann die Verbindung zu diesem.

Als Folge dessen wird auf beiden Seiten der PTK verworfen. Frühestens nach 60 Sekunden kann dann eine erneute Verbindung mit dem Authentifizierer erfolgen und mittels eines 4-Way-Handshake ein neuer PTK erzeugt werden. Nach der erneuten Verbindung werden die internen Fehlerzähler und Fehlertimer zurückgesetzt.

Tritt ein MIC-Fehler auf dem Authentifizierer (Access Point) auf, oder empfängt er eine Fehlernachricht eines Supplicants (Client), geht er ähnlich dem oben Beschriebenem vor. Falls es sich um einen MIC-Fehler in einer empfangenen Nachricht handelt wird diese verworfen. Danach wird der Vorfall in ein Log-File geschrieben und ebenfalls ein eigener TKIP MIC-Fehlerzähler inkrementiert. Tritt auch hier das erste Mal ein MIC-Fehler auf wird ebenfalls ein interner Fehlertimer aktiviert. Falls bei einem erneuten MIC-Fehler weniger als 60 Sekunden vergangen sind, schließt der Authentifizierer alle Verbindungen zu den angeschlossenen Supplicants (Clients), die TKIP verwenden, und widerruft alle PTKs. Die Supplicants können sich dann erst wieder nach frühestens 60 Sekunden mit dem Authentifizierer verbinden und einen neuen PTK aushandeln. Fehlerzähler und Fehlertimer werden nach der erneuten Verbindung auch hier zurückgesetzt.

- Verschlüsselung - Zusammenspiel der einzelnen TKIP Komponenten

  Abbildung 3.3 stellt noch einmal das komplette Zusammenspiel der einzelnen TKIP Komponenten beim Verschlüsselungsprozess dar.

  Insgesamt ist dabei zu beachten, dass die Berechnung des MIC über die komplette zu sendende Nachricht erfolgt. Die restlichen Berechnungen werden allerdings für jedes einzelne Paket der Nachricht durchgeführt.

  Nach der Berechnung des MIC wird dieser an die Nutzdaten eines Paketes angehängt und geht mit diesen in die Berechnung des ICV ein - jedes Paket einer Nachricht beinhaltet somit immer den gleichen MIC. Der ICV wird danach ebenfalls an die Nutzdaten und den MIC angehängt. Wie bei der WEP-Sicherheitsarchitektur, erzeugt RC4 auch hier einen Schlüsselstrom aus einem Eingabeschlüssel. Der hier verwendete Eingabeschlüssel (erweiterter Lower IV + PPK) wird dabei für jedes Paket neu erzeugt. Zur letztendlichen Verschlüsselung wird der Schlüsselstrom mittels einer XOR-Verknüpfung mit dem Nutzdaten-MIC-ICV-Tripple verknüpft. Dem verschlüsselten Teil wird am Ende noch der IV/TSC vorangestellt.

  Der Entschlüsselungsprozess ist quasi eine Umkehrung der Verschlüsselung - allerdings mit ein paar Ausnahmen. Bevor der Empfänger das Paket entschlüsselt, überprüft er als erstes den TSC auf dessen Gültigkeit (s.o.). Ist dies nicht der Fall, wird das Paket verworfen und keine weitere Entschlüsselung durchgeführt. Falls der empfangene TSC gültig ist, fährt der Empfänger mit der Entschlüsselung des Paketes fort. Liegen ihm dann die entschlüsselten Nutzdaten, MIC und ICV vor, überprüft er den ICV auf Gültigkeit. Schlägt die Überprüfung des ICV jedoch fehl, geht der Empfänger von einem Übertragungsfehler aus und verwirft das Paket. Bei gültiger Überprüfung des ICV wird dann nur noch gewartet, bis alle Pakete einer Nachricht beim Empfänger eingetroffen sind. Ist dies der Fall wird letztendlich die Nachricht aus allen Paketen wieder zusammengesetzt und der MIC überprüft. Schlägt diese Überprüfung allerdings fehl, geht der Empfänger von einem Angriff aus und leitet die oben erwähnten Gegenmaßnahmen ein [Gast05].

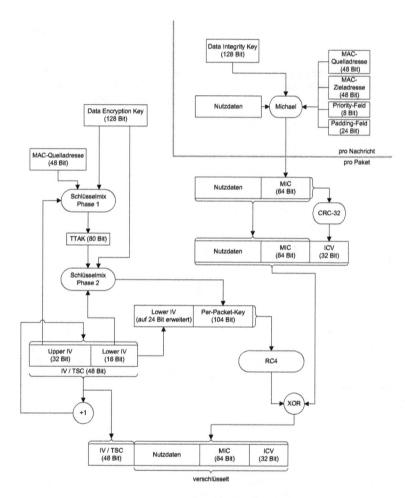

Abbildung 3.3: WPA - TKIP

3.2.2 Schwachstellen von WPA

Aufgrund der massiven Sicherheitslücken von WEP trat WPA dessen Nachfolge
an, um die Schwachstellen in Verschlüsselung, Integritätssicherung und Authentifizierung zu beseitigen. Da WPA aber auch das Ziel verfolgt zur alten Hardware
kompatibel zu sein, finden sich hier einige Elemente von WEP wieder. Diese wurden
erweitert, von neuen Funktionen umgeben und derart verbessert, dass die darin auftretenden Schwachstellen weitgehend beseitigt werden konnten. Dennoch weist auch
die WPA-Sicherheitsarchitektur mögliche Schwachstellen auf.

WPA Personal - PSK-Modus:

Eine der größten Schwachstellen von WPA ist der in der „WPA Personal"-Variante
eingesetzte „Pre-Shared Key" (PSK). Der vorverteilte Schlüssel ist in dieser Variante
mit dem „Pairwise Master Key" (PMK) gleichzusetzen und dient zur Erzeugung des
zur Verschlüsselung und Integritätssicherung verwendeten „Pairwise Transient Key"
(PTK). Da sich die verwendeten 256 Bit aber nur bedingt dazu eignen manuell ein-
getragen zu werden, wird häufig eine einfachere 32 Byte lange (oder auch kürzere)
Passphrase eingesetzt. Diese Passphrase kann von einem Angreifer, mit Hilfe eines
Wörterbuch-Angriffes, kompromittiert werden.
Wie in Kapitel 3.2.1 beschrieben erzeugen Supplicant (Client) und Authentifizierer
(Access Point) jeweils für sich den PTK mit Hilfe einer Pseudozufallszahlenfunktion
(hier: HMAC-SHA-1), sowie folgenden Werten: PMK, SNonce, MAC-Adresse des
Supplicant, ANonce, MAC-Adresse des Authentifizierers. Ein Angreifer muss ledig-
lich die ersten beiden unverschlüsselten Nachrichten eins 4-Way-Handshake bei der
Authentifizierung mitschneiden, und hat somit alle Daten (SNonce, MAC-Adresse
des Supplicant, ANonce, MAC-Adresse des Authentifizierers) um einen Brute-Force-
oder Wörterbuch-Angriff auf den PMK zu starten. Ob ein gewählter PMK, und somit der daraus folgende PTK, korrekt ist, kann sofort anhand des in den beiden
Nachrichten mitübertragenem „Message Integrity Code" (MIC) überprüft werden.
Obwohl solche Angriffe sehr rechen- und zeitintensiv sind, kann bei einem sehr
schwach oder zu kurz gewähltem PSK die benötigte Zeit um ein vielfaches verringert
werden [Hofh05].

Schlüsselmix:

In [MoRH04] beschreiben Moen et al. eine potentielle Schwachstelle im Schlüsselmix
zu Erzeugung des „Per-Packet-Key". Des Weiteren stellen sie eine Methode vor, wie
ein Angreifer dies ausnutzen, und den verwendeten Data Encryption Key (DataEncrKey), rekonstruieren kann. Voraussetzend für ihre Methode ist allerdings, dass ein
Angreifer bereits im Besitz von mindestens zwei kompletten RC4-Eingabeschlüsseln
ist, die zudem noch mit demselben „Upper IV" im Schlüsselmix generiert wurden. Diese Voraussetzung zeigt aber auch, dass das Ausnutzen dieser Schlüsselmix-
Schwachstelle von rein theoretischer Natur ist.
Insgesamt beruhen die Überlegungen von Moen et al. auf zwei Tatsachen: zum einen
lassen sich 8 Bit des DataEncrKey direkt aus dem RC4-Eingabeschlüssel berechnen,
zum anderen können die restlichen Bits durch rückwärts rechnen der 2. Phase im
Schlüsselmix stückweise erraten werden.
Die vorgestellte Methode verringert, im Vergleich zu einem Brute-Force Angriff, die
Zeitkomplexität von $\mathcal{O}(2^{128})$ auf $\mathcal{O}(2^{105})$.

MIC - Gegenmaßnahmen:

Der zur Integritätssicherung beschriebene „Message Integrity Code" (MIC) (Kapitel 3.2.1) stellt durch sein Prinzip der Gegenmaßnahmen eine weitere Schwachstelle dar. Wie bereits ausführlich beschrieben, wird nach zwei fehlerhaft erkannten MICs, innerhalb von 60 Sekunden, die Verbindung zwischen Supplicant (Client) und Authentifizierer (Access Point) getrennt. Die erzeugten Schlüssel werden danach auf beiden Seiten verworfen. Eine erneute Verbindung, sowie Generierung von neuem Schlüsselmaterial, ist dann wiederum erst nach weiteren 60 Sekunden möglich. Durch das Senden von Paketen mit absichtlich gefälschtem MIC hat ein Angreifer somit die Möglichkeit einen Denial-Of-Service Angriff durchzuführen. Es muss dabei aber erwähnt sein, dass die erzeugten Pakete, mit fehlerhaftem MIC, vor der MIC-Überprüfung noch die Überprüfung des TSC und des ICV durchlaufen und bestehen müssen [Hofh05].

802.1X, EAP, RADIUS:

Die bei der Authentifizierung verwendeten Protokolle 802.1X, EAP sowie RADIUS weisen bei falscher Anwendung selbst Schwachstellen auf, die sie unter anderem anfällig gegenüber Denial-Of-Service Angriffen machen. Da dies aber keine WPA spezifischen Schwachstellen sind, sei hier nur auf [Earl06] verwiesen.

3.2.3 Angriffe auf WPA

Die oben genannten Schwachstellen bieten potentiellen Angreifern diverse Möglichkeiten um ein mit WPA geschütztes Netzwerk zu attackieren. Neben den bereits erwähnten Denial-Of-Service Angriffen, die z.B. durch das Prinzip der Gegenmaßnahmen in der MIC Überprüfung ermöglicht werden, richten sich die meisten Angriffe gegen die WPA Personal Variante mit vorverteiltem PSK.
Mittlerweile gibt es diverse Tools die diese Schwachstelle von WPA Personal ausnutzen um den PMK zu kompromittieren. Als Beispiel seien hier der vom TinyPEAP-Team entwickelte „WPA Cracker"[25] sowie das von Joshua Wright entwickelte Tool „coWPAtty"[26] genannt [Hofh05].

---

[25]http://www.tinypeap.org/wpa_cracker.html
[26]http://wirelessdefence.org/Contents/coWPAttyMain.htm

3.3   WPA2 (IEEE 802.11i)

Im Juni 2004 wurde der neue Sicherheitsstandard IEEE 802.11i [IEEEa] für die
Kommunikation in drahtlosen Netzwerken verabschiedet. Auf Basis dieses Standards
wurde dann im September 2004 von der Wi-Fi Alliance die neue Sicherheitsarchitektur WPA2 (Wi-Fi Protected Access 2) veröffentlicht.
Durch den Einsatz des neuen und rechenintensiven „Advanced Encryption Standard" (AES) ist bei WPA2 allerdings ein Austausch der alten Hardware notwendig.
Die neue Hardware bleibt dabei allerdings abwärtskompatibel zu WPA und kann im
sogenannten „Mixed Mode" betrieben werden. Dies ermöglicht die Kommunikation
zwischen Stationen die zum einen WPA2 einsetzen und zum anderen noch WPA -
zu beachten ist hier allerdings, dass immer das schwächste Glied in der Kette (hier:
WPA) ausschlaggebend für die gesamte Sicherheit ist.
Hinter IEEE 802.11i - und somit auch hinter WPA2 - steckt als Konzept das „Ro-
bust Security Network" (RSN). Jede Station die in einem RSN mit anderen Stationen
kommunizieren möchte, muss dabei den Anforderungen von IEEE 802.11i genügen.
Wird in einem drahtlosen Netzwerk neben WPA2 auch WPA eingesetzt, spricht man
von einem „Transitional Security Network" (TSN) [EdAr04].

3.3.1   Sicherheitsmechanismen

Wie bei WPA lässt sich auch bei WPA2 zwischen zwei Varianten unterscheiden:
„WPA2 Personal" und „WPA2 Enterprise". Der Unterschied besteht hier ebenfalls nur
in der Authentifizierung; Verschlüsselung und Integritätssicherungen sind in beiden
Varianten gleich geregelt [BMBC+05].
„WPA2 Personal" verwendet bei der Authentifizierung und Schlüsselerzeugung einen
vorverteilten geheimen Schlüssel. Dieser „Pre-Shared Key" (PSK) muss den miteinander kommunizierenden Stationen somit bereits vorher bekannt sein.
„WPA2 Enterprise" hingegen, benötigt zur Authentifizierung und Schlüsselerzeugung
einen Authentifizierungsserver - im Gegensatz zu „WPA Enterprise" ist hier allerdings
kein RADIUS Authentifizierungsserver vorgeschrieben.
Bezüglich Verschlüsselung und Integritätssicherung schreibt IEEE 802.11i [IEEEa]
AES-CCMP (s.u.) fest vor, sieht TKIP (siehe Kapitel 3.2.1) aber als optionale Variante vor.

Schlüsselmanagement und Authentifizierung:

Schlüsselmanagement und Authentifizierung laufen identisch zu dem in WPA beschriebenem Vorgehen ab (siehe Kapitel 3.2.1). Der einzige Unterschied liegt hier in
der Größe des erzeugten „Pairwise Transient Key" (PTK) sowie der Aufteilung der
verwendeten Schlüssel aus diesem.
Wie bei WPA, ermitteln auch in WPA2 Supplicant (Client) und Authentifizierer
(Access Point) innerhalb des 4-Way-Handshake jeweils für sich den PTK. Der hier
berechnete PTK hat ein Länge von 384 Bit und wird in drei verschiedene Schlüssel
unterteilt: EAPOL-Key Encryption Key (128 Bit) und EAPOL-Key Integrity Key
(128 Bit) zum Schutz der Schlüsselübertragung während des Handshake, sowie der
Data Encryption/Integrity Key (128 Bit) zum Schutz der Datenübertragung (Verschlüsselung und Integritätssicherung).

Der Unterschied zu WPA zeigt sich hier im Data Encryption/Integrity Key, da
WPA2 zur Verschlüsselung und Integritätssicherung nur einen Schlüssel verwendet
[Gast05]. Abbildung 3.4 zeigt die WPA2 Schlüsselhierarchie noch einmal anschaulich.

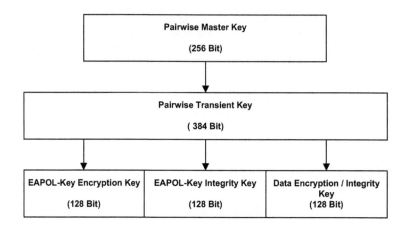

Abbildung 3.4: WPA2 - Schlüsselhierarchie

AES CTR/CBC-MAC Protocol (AES-CCMP):

WPA2 verwendet sowohl zur Verschlüsselung als auch zur Integritätssicherung den
„Advanced Encryption Standard" (AES) (siehe Kapitel 2). Im Gegensatz zu der
Stromchiffre RC4, ist AES eine Blockchiffre und verschlüsselt immer feste Blöcke von
Bytes. Der Standard IEEE 802.11i [IEEEa] legt hier eine Schlüssel- und Blocklänge
von 128 Bit fest. Des Weiteren wurde sich für den AES Operationsmodus „Counter
Mode" (CTR) entschieden, der Daten mit einer Länge von mehr als 128 Bit in 128
Bit lange feste Blöcke einteilt und verschlüsselt. Zur Integritätssicherung wird in
AES das „Cipher Block Chaining - Message Authentication Code" (CBC-MAC)[27]
eingesetzt.
Die Kombination aus den in AES eingesetzten CTR und CBC-MAC ergibt das in
WPA2 verwendete AES-CCM Protocol (AES-CCMP). Auf Basis des AES soll somit
neben der Verschlüsselung auch dir Integritätssicherung garantiert werden [Hofh05].

- CCMP-Nonce

  WPA2 setzt in AES-CCMP zur Verschlüsselung und Integritätssicherung nur
  einen einzigen Schlüssel ein - den durch das Schlüsselmanagement bereitge-
  stellten 128 Bit langen Data Encryption/Integrity Key. Dieser ist wie bei WPA
  nur solange gültig, wie der Client mit dem Access Point verbunden ist. Um

---

[27]Der „Message Authentication Code" (MAC) ist hier gleichzusetzen mit dem „Message Integrity Code" (MIC). Der Begriff MIC - anstatt MAC - wurde in IEEE 802.11i nur eingeführt, um
Verwechslungen mit der „Media Access Control"-Schicht (MAC) zu vermeiden

dem Problemen eines gleichbleibenden Schlüssels entgegenzuwirken, wurde der
CCMP-Nonce eingeführt. Der CCMP-Nonce ändert sich für jedes zu versendende Paket und geht in die MIC-Berechnung und Verschlüsselung zusätzlich
mit ein.

Der CCMP-Nonce (Abbildung 3.5) wird vor der MIC-Berechnung und Verschlüsselung erstellt und besteht dabei aus den folgenden drei Werten: ein 8
Bit langes Priority-Feld, die 48 Bit lange MAC-Adresse der Sendequelle sowie eine 48 Bit lange „Packet Number" (PN). Das Priority-Feld ist dabei erst
für zukünftige Erweiterungen vorgesehen und enthält derzeit den Wert 0. Die
48 Bit lange „Packet Number" (PN) ist hier gleichzusetzen mit dem in WPA
verwendeten 48 Bit langen „TKIP Sequence Counter" (TSC). Die PN wird
am Anfang mit 0 initialisiert und für jedes zu versendende Paket um 1 inkrementiert. Die PN bietet zusätzlich Schutz gegen Replay-Angriffe indem der
Empfänger nur PN-Werte akzeptiert die innerhalb eine bestimmten Fensters
liegen - siehe hierzu den TSC bei WPA (Kapitel 3.2).

Der CCMP-Nonce ändert sich somit für jedes zu versendende Paket und ist
innerhalb einer Verbindung zwischen Client und Access Point einmalig. Das
eingehen der MAC-Quelladresse garantiert zudem, dass selbst wenn die PN bei
den miteinander kommunizierenden Stationen gleich sein sollte, der CCMP-
Nonce selbst allerdings immer verschieden ist [Gast05].

Priority (8 Bit)	MAC-Quelladresse (48 Bit)	Packet Number (48 Bit)

Abbildung 3.5: WPA2 - CCMP-Nonce

- CCMP-Header

  Der in Abbildung 3.6 dargestellte 64 Bit lange CCMP-Header wird ebenfalls
  vor der MIC-Berechnung und Verschlüsselung erstellt. Er besteht aus der 48
  Bit langen „Packet Number" (PN), einem 8 Bit langem Padding-Feld sowie
  einem 8 Bit langem ID-Feld.

  Die PN wird dabei byteweise aufgesplittet (siehe Abbildung 3.6) und ist identisch mit der PN aus dem CCMP-Nonce. Das Padding-Feld ist für zukünftige
  Erweiterungen reserviert und enthält derzeit den Wert 0. Das 8 Bit lange ID-
  Feld kann aufgesplittet werden in ein weiteres 5 Bit langes Padding-Feld, das
  ebenfalls für zukünftige Erweiterungen reserviert ist und derzeit den Wert 0
  enthält, ein 1 Bit langes Feld das in CCMP den Wert 1 enthält sowie eine 2
  Bit lange Key ID für die Verwendung von Gruppenschlüsseln.

  Der CCMP-Header wird beim Senden den verschlüsselten Daten vorangestellt,
  und hat die Aufgabe die „Packet Number" und „Key ID" unverschlüsselt zum
  Empfänger zu übertragen. Der Empfänger kann dann mit Hilfe dieser Werte
  und dem Data Encryption/Integrity Key die empfangenen und verschlüsselten
  Daten wieder entschlüsseln [EdAr04].

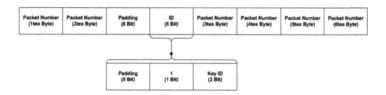

Abbildung 3.6: WPA2 - CCMP-Header

- Integritätssicherung

  Für die Integritätssicherung kommt in WPA2 AES mit dem „Cipher Block Chaining - Message Authentication Code" (CBC-MAC) zum Einsatz. Im Gegensatz zu WPA, erfolgt eine Berechnung des MIC in WPA2 paketweise.

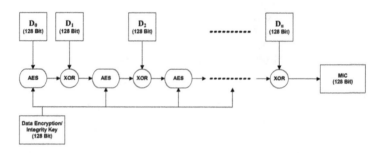

Abbildung 3.7: WPA2 - AES-CBC-MAC

CBC-MAC teilt die zu sichernden Daten eines Paketes nacheinander in 128 Bit große Blöcke ein und führt die MIC-Berechnung nach dem in Abbildung 3.7 dargestellten Ablauf durch. Sollten die Daten dabei nicht einem Vielfachen von 128 Bit entsprechen, wird durch Einfügen von Nullen auf das nächste Vielfache von 128 ergänzt - dies geschieht allerdings nur zur MIC-Berechnung und betrifft nicht die zu sendenden Daten. Der erste Datenblock wird mittels AES verschlüsselt und das Ergebnis durch XOR mit dem zweiten Datenblock verknüpft. Das Ergebnis dieser Verknüpfung wird dann seinerseits mit AES verschlüsselt und durch XOR mit dem dritten Datenblock verknüpft. Dieses Vorgehen wird bis zum letzten Datenblock analog weitergeführt. Der für AES verwendete Schlüssel ist hierbei immer identisch. Das Ergebnis der letzten XOR-Verknüpfung mit dem letzten 128 Bit langen Datenblock ist dann der gewünschte 128 Bit lange „Message Integrity Check" (MIC) [Hofh05].
Bei WPA2 erfolgt die MIC-Berechnung über den CCMP-Nonce, zusätzliche Adressfelder aus dem MAC-Header („Additional Authentication Data"(AAD)) sowie den Nutzdaten selbst. Dem CCMP-Nonce wird zusätzlich ein 8 Bit langes Flag-Feld vorangestellt sowie ein 16 Bit langes DLen-Feld angehängt. Da sich der CCMP-Nonce für jedes zu sendende Paket ändert, ist jeder berechnete MIC einzigartig und Wiederholungen werden vermieden. Für eine genauere Beschreibung des Flag- und DLen-Feldes sowie der AAD sei hier auf den IEEE

802.11i Standard [IEEEa] verwiesen. Da CBC-MAC einen 128 Bit langen MIC berechnet, AES-CCMP allerdings nur ein 64 Bit langen MIC benötigt, werden die niederwertigen 64 Bit verworfen und die höherwertigen 64 Bit an die zu sendenden Nutzdaten angehängt [Hage03].

Für die im CBC-MAC eingesetzte Verschlüsselung mit AES wird in WPA2 der im 4-Way-Handshake der Authentifizierung ausgehandelte 128 Bit lange Data Encryption/Integrity Key verwendet.

- Verschlüsselung

  Für die paketweise Verschlüsselung verwendet WPA2 AES im „Counter Mode" (AES-CTR).

  Der „Counter Mode" (CTR) teilt als erstes die zu verschlüsselnden Daten in 128 Bit lange und aufeinanderfolgende Datenblöcke ein. Des Weiteren kommt ein Zähler (Counter) zum Einsatz der für jeden 128 Bit langen Datenblock um eins inkrementiert wird. Zur Verschlüsselung eines Datenblockes wird dann dessen Zähler mit einem 128 Bit langen geheimen Schlüssel und AES verschlüsselt. Um letztendlich das zu übertragene Chiffrat des Datenblockes zu erhalten, wird der verschlüsselte Zähler anschließend mittels XOR noch mit dem Datenblock selbst verknüpft [Hofh05]. Der Ablauf von AES-CTR ist in Abbildung 3.8 noch einmal dargestellt.

  Dieses Verfahren bietet zum einen den Vorteil, dass die vorgenommenen Berechnungen vollständig parallel durchgeführt werden können, da die Zähler vorher bekannt sind. Zum anderen ist eine Entschlüsselung der Chiffrate mit der gleichen Implementation möglich [Hage03].

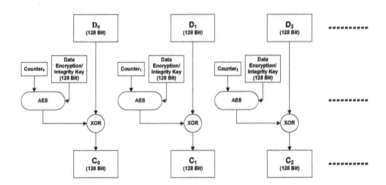

Abbildung 3.8: WPA2 - AES-CTR

In WPA2 kommt als Schlüssel für AES der 128 Bit lange Data Encryption/Integrity Key zum Einsatz. Also Zähler verwendet WPA2 den CCMP-Nonce und erweitert diesen um ein Flag- sowie ein Counter-Feld (siehe Abbildung 3.9). Das Flag-Feld enthält einen festen 8 Bit Wert und ändert sich bei WPA2 nicht [IEEEa]. Das Counter-Feld wird für jeden 128 Bit langen Datenblock um eins inkrementiert. Aufgrund seiner Länge von 16 Bit, kann das Counter-Feld somit für 2^{16} verschiedene Datenblöcke innerhalb eines Paketes

verwendet werden. Insgesamt sorgt somit der CCMP-Nonce dafür, dass sich
der Zähler für jedes zu sendende Paket und für jeden Sender unterscheidet.
Das zusätzlich Counter-Feld dient als eigentlicher Zähler für die einzelnen Datenblöcke [EdAr04].

Flag (8 Bit)	Priority (8 Bit)	MAC-Quelladresse (48 Bit)	Packet Number (48 Bit)	Counter (16 Bit)

Abbildung 3.9: WPA2 - AES-CTR Zähler

Abbildung 3.10 zeigt noch einmal komplett die paketweise Integritätssicherung
und Verschlüsselung durch AES-CCMP.

Nach der Erstellung des CCMP-Nonce und des CCMP-Header wird über die
oben genannten Werte durch AES-CBC-MAC ein 128 Bit langer „Message
Integrity Code" (MIC) berechnet. Die höherwertigen 64 Bit des MIC werden
dann an die zu sendenden Nutzdaten eines Paketes angehängt und zusammen
mit diesen durch AES-CTR verschlüsselt. Den verschlüsselten Daten wird dann
vor dem Senden letztendlich noch der CCMP-Header vorangestellt.

Bei der Entschlüsselung geht der Empfänger, bis auf zwei Erweiterungen, glei-
chermaßen vor wie bei der Verschlüsselung. Vor der eigentlichen Entschlüsselung überprüft der Empfänger als erstes die im unverschlüsselten CCMP-
Header übertragene „Packet Number" (PN). Liegt die PN dabei in dem geforderten Übertragungsfenster, fährt der Empfänger mit der Entschlüsselung fort.
Ist dies allerdings nicht der Fall, wird das Paket direkt verworfen. Nach positi-
ver Überprüfung der PN und Entschlüsselung des Paketes, überprüft der Empfänger letztendlich noch den entschlüsselten MIC. Fällt die MIC-Überprüfung
negativ aus, wird das Paket verworfen [Gast05].

3.3.2 Schwachstellen von WPA2

Die derzeit einzige wirkliche Schwachstelle von WPA2 ist der verwendete „Pre-Shared
Key" (PSK) von „WPA2 Personal" [BMBC+05]. Da die sicherheitsbedenklichen Betrachtungen die gleichen sind wie bei „WPA Personal", sei hier auf das Kapitel 3.2.2
verwiesen, in dem diese näher erläutert werden.

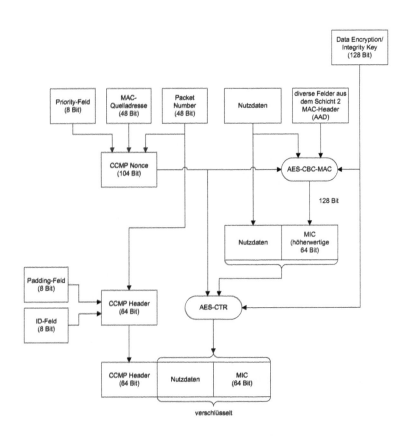

Abbildung 3.10: WPA2 - AES-CCMP

4. Zusammenfassung und Ausblick

In einem einführenden Kapitel wurden zuerst einige grundlegende Verfahren aus den nächsten Kapiteln kurz aufgegriffen und zusammenfassend erläutert. Da eine detaillierte Beschreibung dieser Verfahren allerdings den Rahmen dieser Studienarbeit gesprengt hätte, wurde hier für ein tiefergehendes Verständnis auf entsprechende Quellen hingewiesen. In Kapitel 3 folgte dann ein detaillierte Beschreibung der einzelnen Sicherheitsarchitekturen. Es hat sich gezeigt, dass die älteste und 1999 im Standard IEEE 802.11b [IEEEc] beschriebene WEP-Sicherheitsarchitektur erhebliche Schwachstellen aufweist und somit völlig unzureichend für die Absicherung der drahtlosen Kommunikation ist. Bereits im Jahre 2001 [FlMS01] wurde WEP vollständig gebrochen und galt seit dem als unsicher - dennoch ist WEP bis heute die am häufigsten verwendete Sicherheitsarchitektur in WLANs [Dörh06]. Aufgrund dieser Tatsache werden immer neuere Methoden entwickelt um die Schwachstellen von WEP effektiver für einen Angriff auszunutzen - siehe dazu z.B. die Ergebnisse von Tews, Pychkine und Weinmann im April 2007 [TeWP07]. Der fortwährende Einsatz der unsicheren WEP-Sicherheitsarchitektur wird u.a. durch den Einsatz alter Hardware bedingt, die mit den neueren und rechenintensiven Sicherheitsarchitekturen ohne ein Update, der Software oder der Hardware, nicht mehr auskommt. Das trotz alter Hardware WEP aber um einiges sicherer gemacht werden kann, zeigen u.a. die Arbeiten in [HaCh05] und [ChBh05].

Um möglichst schnell die drahtlose Kommunikation in WLANs sicherer zu gestalten, wurden von der Wi-Fi Alliance im Jahr 2003 bereits fertige Teile des neuen, aber sich damals noch im Standardisierungsprozess befindlichen, Sicherheitsstandards IEEE 802.11i zusammengefasst, und unter einem eigenen Standard - Wi-Fi Protected Access (WPA) - veröffentlicht [Alli]. WPA erwies sich dabei um einiges sicherer als WEP und konnte durch ein Softwareupdate auf die alte WEP fähige Hardware aufgespielt werden. Dies war allerdings nur möglich, indem WPA einige Elemente von WEP wiederverwendete, die durch die alte Hardware bedingt waren (z.B. die in der Hardware implementierte Stromchiffre RC4). Die alten Elemente konnten aber durch Erweiterungen und neue Funktionen derart verbessert werden, dass die Schwachstellen von WEP beseitigt werden konnten.

Als im Juni 2004 der neue Sicherheitsstandard IEEE 802.11i verabschiedet wurde, wurde auf Basis dessen von der Wi-Fi Alliance die neue Sicherheitsarchitektur WPA2

veröffentlicht. WPA2 setzt auf komplett neue und rechenintensive Sicherheitsmechanismen zur Verschlüsselung und Integritätssicherung, und benötigt deswegen von
Grund auf neue Hardware.

Es ist abzusehen, dass WEP auch in Zukunft noch weit verbreitet sein wird und
ein Austausch der alten Hardware nur langsam geschehen wird. Aufgrund der erheblichen Schwachstellen werden somit auch in Zukunft immer schnellere und effek-
tivere Methoden entwickelt um mit WEP gesicherte WLANs zu kompromittieren.
Die neueren Sicherheitsarchitekturen WPA und WPA2 bieten einen weitaus höheren
Schutz als WEP und sind in neuer Hardware meist Standard. Derzeit gelten WPA
und WPA2 bei richtigem Einsatz als sicher.

Literatur

[Alli]   Wi-Fi Alliance. Wi-Fi Protected Access. http://www.wi-fi.org/
            files/wp_8_WPA%20Security_4-29-03.pdf, [Online; Stand 1. November
            2007].

[Barn02]   Christian Barnes. *Die Hacker-Bibel: Wireless LANs*. Mitp-Verlag.
            1. Auflage, 2002.

[BMBC+05]   Roland Bless, Stefan Mink, Erik-Oliver Blaß, Michael Conrad, Hans-
            Joachim Hof, Kendy Kutzner und Marcus Schoeller. *Sichere Netzwerk-
            kommunikation: Grundlagen, Protokolle und Architekturen*. Springer.
            2005.

[BoGW01]   Borisov, Goldberg und Wagner. Intercepting mobile communications:
            the insecurity of 802.11. In *Proceedings of the 7th Annual International
            Conference on Mobile Computing and Networking*, 2001, S. 180 – 188.

[BoMo04]   Hamid Boland und Hamed Mousavi. Security issues of the IEEE
            802.11b wireless LAN. In *Canadian Conference on Electrical and Com-
            puter Engineering*, Band 1, 2004, S. 333–336.

[BoSh05]   Mrs. Megha Bone und Mrs. Hemangi Shinde. Wireless Security and
            Privacy. In *IEEE International Conference on Personal Wireless Com-
            munications*, 2005, S. 424–428.

[Brow04]   Brandon Brown. 802.11: the security differences between b and i. *IEEE
            Potentials*, Band 22, 2004, S. 23–27.

[ChBh05]   Nishanth Chandran und K.R. Bhavana. Enhancing RC4 Algorithm for
            WEP Protocol using Fake Character Insertions and Compression Tech-
            nique (FCICT). In *Second IFIP International Conference on Wireless
            and Optical Communications Networks*, 2005, S. 80–83.

[DaRi01]   Joan Daemen und Vincent Rijmen. *The Design of Rijndael. AES: The
            Advanced Encryption Standard*. Springer. 1. Auflage, 2001.

[Dörh06]   Stefan Dörhöfer. Empirische Untersuchungen zur WLAN-Sicherheit
            mittels Wardriving. Diplomarbeit, RWTH Aachen, September 2006.

[Earl06]   Aaron E. Earle. *Wireless Security Handbook*. Auerbach. 2006.

[EdAr04]   Jon Edney und William A. Arbaugh. *Real 802.11 Security: Wi-Fi
            Protected Access and 802.11i*. Addison-Wesley Professional. 2004.

[Ferg]   Niels Ferguson. 2002 .Michael: An Improved MIC for 802.11
            WEP.   http://grouper.ieee.org/groups/802/11/Documents/
            DocumentHolder/2-020.zip, [Online; Stand 1. Dezember 2007].

[FJLB07]   Emilio J.M. Arruda Filho, Paulo N. L. Fonseca Jr., Mairio J. S. Leitdo
            und Paulo S. F. de Barros. Security versus Bandwidth: The Support of
            Mechanisms WEP e WPA in 802.11g Network. In *IFIP International
            Conference on Wireless and Optical Communications Networks*, 2007,
            S. 1–5.

[FlMS01]   Scott Fluhrer, Itsik Mantin und Adi Shamir. Weakness in the Key
            Scheduling Algorithm of RC4. In *Selected Areas in Cryptography: 8th
            Annual International Workshop*, 2001.

[Gast05]   Matthew Gast. *802.11 Wireless Networks: The Definitive Guide*.
            O'Reilly Media, Inc. 2. Auflage, 2005.

[GuZA06]   G. Zeynep Gurkas, A. Halim Zaim und M. Ali Aydin. Security Mecha-
            nisms And Their Performance Impacts On Wireless Local Area Net-
            works. In *International Symposium on Computer Networks*, 2006, S. 1–
            5.

[HaCh05]   Hani Ragab Hassan und Yacine Challal. Enhanced WEP: An efficient
            solution to WEP threats. In *Second IFIP International Conference on
            Wireless and Optical Communications Networks*, 2005, S. 594–599.

[Hage03]   Axel Hagedorn. IEEE 802.11i Sicherheit in drahtlosen lokalen Netzen.
            Diplomarbeit, TU Darmstadt, 2003.

[Hofh05]   Matthias Hofherr. *WLAN-Sicherheit: Professionelle Absicherung von
            802.11-Netzen*. Heise. 1. Auflage, 2005.

[Hult02]   David Hulton. Practical Exploitation of RC4 Weakness in WEP. 2002.

[IEEEa]   IEEE. Amendment to IEEE Std 802.11, 1999 Edition (Reaff 2003).
            IEEE Standard for Information technology – Telecommunications and
            information exchange between system – Local and metropolitan area
            networks?Specific requirements – Part 11: Wireless LAN Medium Ac-
            cess Control (MAC) and Physical Layer (PHY) specifications – Amend-
            ment 6: Medium Access Control (MAC) Security Enhancements.
            http://standards.ieee.org/getieee802/download/802.11i-2004.pdf, [On-
            line; Stand 1. November 2007].

[IEEEb]   IEEE. IEEE Standards for Information Technology – Telecommunica-
            tions and Information Exchange between Systems – Local and Metro-
            politan Area Network – Specific Requirements – Part 11: Wireless LAN
            Medium Access Control (MAC) and Physical Layer (PHY) Specificati-
            ons. http://standards.ieee.org/getieee802/download/802.11-1999.pdf,
            [Online; Stand 1. November 2007].

[IEEEc]   IEEE. IEEE Standards for Information technology – Telecommuni-
            cations and information exchange between systems – Local and me-
            tropolitan area networks – Specific requirements – Part 11: Wireless

LAN Medium Access Control (MAC) and Physical Layer (PHY) specifications – Amendment 2: Higher-speed Physical Layer (PHY) extension in the 2.4 GHz band – Corrigendum 1. http://standards.ieee.org/getieee802/download/802.11b-1999_Cor1-2001.pdf, [Online; Stand 1. November 2007].

[IEEEd]   IEEE. IEEE Standards for Local and metropolitan area networks – Port-Based Network Access Control. http://standards.ieee.org/getieee802/download/802.1X-2004.pdf, [Online; Stand 1. November 2007].

[IETFa]   IETF. RFC 2865 – Remote Authentication Dial In User Service (RADIUS). http://tools.ietf.org/html/rfc2865, [Online; Stand 1. Dezember 2007].

[IETFb]   IETF. RFC 3748 – Extensible Authentication Protocol (EAP). http://tools.ietf.org/html/rfc3748, [Online; Stand 1. Dezember 2007].

[Klei07]   Andreas Klein. Attacks on the RC4 stream cipher. In *Designs, Codes and Cryptography*, 2007.

[LeAM05]   M. León, R. Aldeco und S. Merino. Performance Analysis of the Confidentiality Security Service in the IEEE 802.11 using WEP, AES-CCM, and ECC. In *2nd International Conference on and Electronics Engineering*, 2005, S. 52–55.

[MoRH04]   Vebjørn Moen, Håvard Raddum und Kjell J. Hole. Weaknesses in the Temporal Key Hash of WPA. In *Mobile Computing and Communications Review*, Band 8, 2004, S. 76 – 83.

[News01]   Tim Newsham. Cracking WEP Keys. In *BlackHat Briefings*, 2001.

[StIR02]   A. Stubblefield, J. Ioannidis und A. Rubin. Using the Fluhrer, Mantin, and Shamir attack to break WEP. In *Inproceedings of the 2002 Network and Distributed Systems Security Symposium*, 2002.

[TeWP07]   Erik Tews, Ralf-Philipp Weinmann und Andrei Pyshkin. Breaking 104 bit WEP in less than 60 seconds. Technischer Bericht, TU Darmstadt, 2007.

[Vacc06]   John R. Vacca. *Guide to Wireless Network Security*. Springer. 2006.

Abbildungsverzeichnis